天均詩文集（三）

郭順初著

陳立夫 時年九十有五歲

衡陽鄒順初先生著

天均詩文彙編

唐振楚敬題

弘亮用箋

衡陽鄒順初先生著

詩以言志
文采揚徽

唐振楚敬題

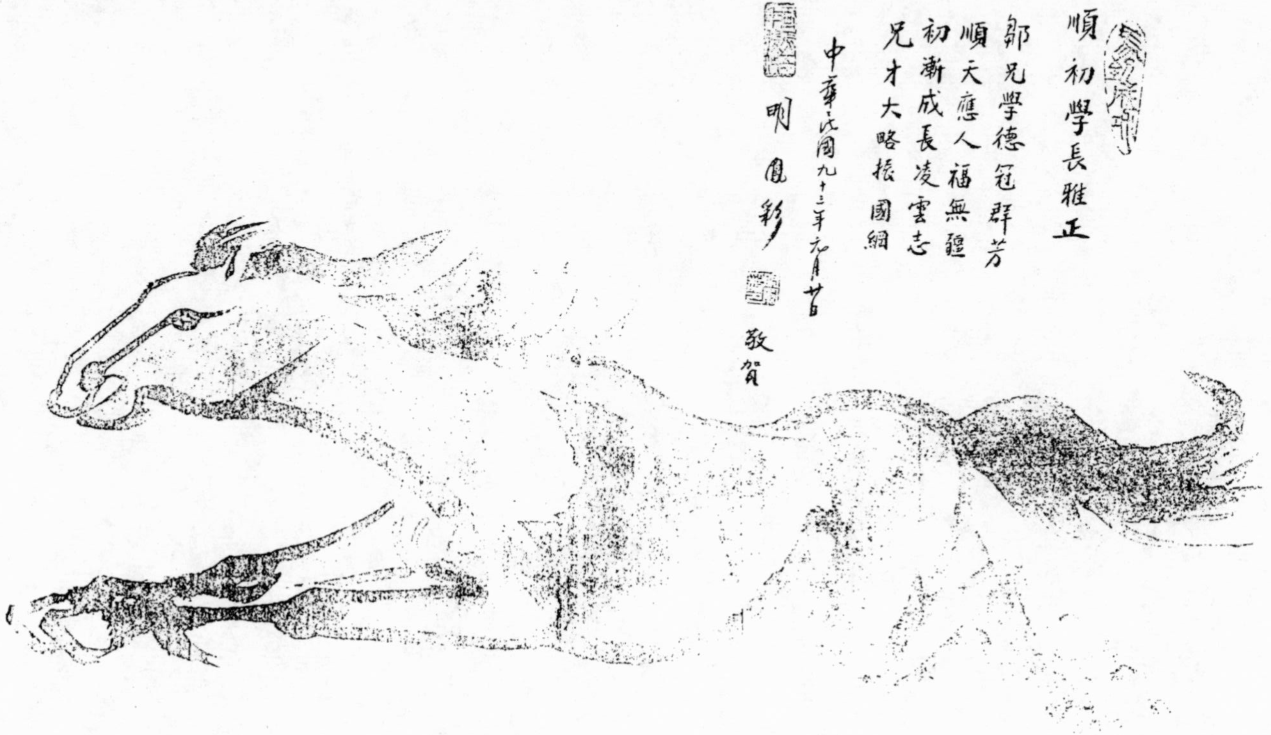
順初學長雅正
郭兄學德冠群芳
順天應人福無疆
初漸成長凌雲志
兄才大略振國綱
中華民國九十三年元月廿日
明鳳彩
敬賀

天均詩文集(三) 序一

張廷榮

順初仁兄帶他的《天均詩文集(三)》自序給我一讀，並要廷榮寫一篇序。廷榮讀後，自當以歡欣之情，以老友之義，以同爲易經太極孔孟儒家文化之忠，乃寫所感懷之言，樂而爲之序。他所寫詩文，皆從此一偉大及此一大震變之時代，將此一新世紀所發生之大事，由感同身受之深度寫實，有不容自已之情，看得宏遠，而自然流露，非刻意爲寫詩而寫詩，乃是順初兄學養人格之大義表達，概言之，乃即時感事之作，雖難與杜工部媲美，但已有杜工部寫實之風，愛國詩人陸放翁純情率真之氣，殊堪嘉許。我曾請問順初兄，在此一時代中，有我與兄所同追隨過此一時代兩位偉人之看法，順初兄未以成敗作俗流之評斷，且說出與廷榮有同感受、同敬仰、同懷念之情之義，廷榮不勝欽敬。又我與順初兄，年齡均過八十，但對中華文化之大本大源及大中大正，在新世紀中，更老當益壯，自強不息，弘揚於兩岸，弘揚於國際，弘揚於天涯海角。順初兄之《天均詩文集》之一、二、三集，要皆精誠悲憤之情，以記內心感憤之事，詩文可以興發人心，順初兄之詩文，尤爲當此大震變之時代中，所弘揚憂患善美之文化。大易云:「作易者，其有憂患乎。」一順初兄研易深，所以能堅苦卓絕如此也，是爲之序。

天均詩文集（三） 序二

劉教授景輝

順初叔系出湘衡西鄉鄒氏望族，與先嚴碧嵩公自少在鄉相識，交稱莫逆。嗣後同寅於國民政府航空委員會，昔於南京，時相過從，情同手足。公餘之暇，二公常對酌議論古今，吟詩唱和，雖夜闌人靜猶未盡興，其樂也融融。

先嚴七五大壽時，順初叔雖貴體違和，住院療養，但仍不忘於病中賦詩爲先嚴慶壽，詩曰：

恭逢碧海又籌添，祝嘏嵩高樂粲然，七教蘇門花叶艷，五重堂上柏松姸，
華封兄譜長春頌，誕老嫂吟不朽篇，誌此雙飛鶼鰈序，慶君壽卜萬千年。

此詩內嵌「恭祝碧嵩蘇堂（蘇堂爲先慈）兄嫂七五華誕雙壽誌慶」十六字賀詞。該詩經順初叔煩請名書法家揮毫，交商精裱加框，製成華美壽屏。先嚴視爲珍寶，高懸客廳正中，每抬頭仰望，輒不免誦讀吟唱，喜愛之情，溢於言表。景輝於詩詞之道，雖未入門，但對順初叔宏文雄筆，情深義重之絕妙佳作，猶能心領神會，益發增添對順初叔敬慕感佩之情。

先嚴碧嵩公於民國七十四年不幸辭世，故舊親友莫不哀悼追思。順初叔因痛失良友，特撰輓聯一幅，追述二人之友誼志向，以誌其哀。文曰：

四十載論交，鶺鴒互許，爲黨爲國，鞠躬盡瘁，憶重振家園相期，奈何天不從

願，徒留壯志叮兒女。

五十年聞道，雁序同稱，作軍作民，身先士卒，看革新珂里有諟，祇恨心力日艱，硬把豪情託友朋。

由此輓聯中，可看出順初叔與先嚴之友誼既深且厚，歷數十載而不少衰。復可看出順初叔與先嚴這一時代之人物，雖著戎裝，但仍不失古士大夫之胸懷，時時以國事爲念。

職是之故，景輝多年來常拜讀順初叔之大作，順初叔亦視景輝爲小輩中的知音。今順初叔《天均詩文集（三）》即將付梓，吩咐景輝爲其著作書讀後感。景輝知情不可卻，遂不揣淺陋，以順初叔七八生辰感懷之詩句：「隨興研經尙賦詩」爲題，敬撰此文，聊表敬佩於萬一，並感謝順初叔對景輝長年來之關懷與愛護。

依上所述，景輝應以順初叔稱謂無疑，惟感在簡短序文之中，到處顯見叔父字眼，似覺過於俗氣，幾經考慮，乃在後段序文中改以先生相稱似爲恭敬，特加說明。

順初先生服役空軍三十餘載，於空軍人事及政工制度的奠立，建樹良多。先生雖自謙「卅載征塵虛日月，半生庸碌負時空」，但先生之道德文章與處世治事之高才，軍中袍澤皆多所傳誦推重欽服。故軍中屆齡一退之後，識者仍借重其長才，又有二度三度爲國爲民服務之舉。因先生工作認真，才智傑出，三度退休時，獲頒「績效卓著」之獎牌，可謂實至名歸。先生三十餘年之戎馬生涯，可參見其自撰之〈人生劫難知多少〉（湖南文獻曾刊出）與〈六十回顧〉二鴻文。讀此二文，當知先生際遇之奇，志氣之高，事功之巨，與愛國之殷。

先生之志氣與事功固爲我所欽羡，但先生退休後之讀寫生活更爲我所喜愛。請看先生於七十六年三月所撰「第三次退休感賦」，此賦共四首，其前二首爲其退休生活定下基調，特錄如下：

其一　　自勵

三度退休言自強，讀經習易面文章，怡情養性乾元裏，做我俗人樂未央。

其二　　自修

詩書禮樂義難詮，學究天人妙更玄，能識剛柔知變易，研機窮理自然穿。

從詩文名目觀之，先生退休後的生活以「自勵」與「自修」爲兩大目標，以「讀經習易」爲手段，達到「研機窮理」「學究天人」的「自強」境界，與一般以優遊林下，逍遙度日爲宗旨的退休者，大異其趣。

十餘年來，先生讀經習易皆有所成。先生熟讀《禮記》，撰有《禮樂與人生》（民八十八年出版），意在啓發讀者重視禮樂，以爲立身處世之本，從而促進社會群體之安詳和樂。《禮記》之後，先生遍讀《論語》、《孟子》、《荀子》、《春秋》等經典，著有〈試談論語〉、〈孔孟荀學術論述〉及〈春秋縱橫談〉等論著，先生的經典研究，於義理之闡發，注入了時代思潮，兼之以文字淺顯，相信對於一般青年學子的學習傳統文化與陶冶品德修養，助益良多。

先生致力最深且鉅者，乃在周易之鑽研。先生追隨一代易經大師張廷榮教授習易多年，心得獨厚。先生認為「易為群經之原，民族文化之根」；「非但可以啓示人們處世接物的方法，同時亦能給人們心靈上獲得慰藉。誠為一本萬古常新，放之四海皆準的寶典」；「人人都能用易，則可以發揚人性的完整人格，創造真善美的真正人生價值」，達到「天行健，君子以自強不息」的境界。先生認為「漢儒愛講象，宋儒愛講數，似均難免偏頗」，先生對「易經」既有如此深刻而獨到的體認，其所撰「易學論述」，自亦不落古人窠臼。先生已得易學要義，撰成一家言，誠可佩也。

先生於文學之道，尤喜愛詩詞。先生愛國戀鄉，重友篤親，心繫世變，情恤蒼生。先生之足跡不僅遍佈神州名山大川，亦曾親睹美陸城郊勝景。是故先生於會親友訪名勝之際，感慨萬千，發而為詩為詞，遂多抒懷感世之作，且隨筆而錄，稍作整理，匯為詩詞巨篇。詩詞之中與親友唱和之作甚富，此誠先生的親友多屬能文能歌之士，可見先生於唱和之中，為保全中華文化傳統亦不遺餘力。

先生詩詞，文辭情真意切，其唱和旅遊之作，常發為離情幽思，感時傷世，亦間有儻語，看來不僅在作「詩」，直似在作史論；然先生亦有「清空靈雋」之作，使人登高望遠，舉首浩歌，超出塵埃之外。我獨愛此類之詩詞，茲摘錄一二三為例：

八十四年中秋

月圓圓月月圓圓，月月月圓月月圓，月月月圓圓月月，圓圓月月月圓圓。

偶成

歲暮寒冬會一堂，五倫之外創新章，勸君珍惜眼前景，拋卻閒愁入醉鄉。

憶童年　調寄蝶戀花　七十四年十二月二十日

歲暮天寒人憶小，回味兒時，掬雪爐邊嬲，窗外朔風終日嘯，猶鶇掩抑童聲噭，習武房中鄰霸道，虎躍龍騰，稚子不知勞，只盼堂前春早到，戈矛鐧戟吆人好。

先生於八十初度時，曾出版《天均詩文集》初冊；八十有二時，復刊行《天均詩文集》二集；今先生八十晉五在望，而《天均詩文集》第三卷又即將付梓。先生以耄耋之年，連出三集，創作之勤，之精、之美，堪稱當代第一人，吾鄉之大儒。正如先生二公子裕民博士爲先生祝壽詩所言：「天均入湘衡，不負岳麓名」。《天均詩文集》必將爲傳世之作，先生爲吾鄉揚名也。

國立台灣大學教授劉景輝撰于台灣台北

天均詩文集（三）序三

余教授培林

順初世伯著《天均詩文集（三）》，既成，命培林作序。培林思慮很久，難以動筆，因爲寫序易，寫一篇好序則難。原因是泛泛的寫，搔不到癢處；精細的寫，又非看完全集不能爲。

伯父好《易》，寫了很多易學論文，又爲中華易學研究會創辦人之一，這是很突出的一點。最近又傾力於撰寫有關《論語》的文章。這二者應該有關連才合理。再加上其所賦詩文，皆以內容取勝，凸顯儒家的道德，因而我以《易經》（卦爻辭）中的德行，貫穿孔子思想與《論語》合一，再直貫其詩文。這樣，使得言有宗，行有君，「吾道一貫」，系統清楚，本末瞭然。

茲將孔子言易以佐培林所言「德行之易」分述于后：

孔子晚而喜《易》，《論語·述而》、《史記·孔子世家》皆有記載。帛書《周易·要》更有一段文字說：「夫子老而好《易》，居則在席，行則在囊。子貢曰：『夫子它日教此弟子曰：德行亡者，神靈之趨；知謀遠者，卜筮之蘩。賜以此爲然矣。‥‥夫子何以老而好之乎？』夫子曰：『‥‥《易》，我後其祝卜矣，我觀其德義耳也。幽贊而達乎數，明數而達乎德，又仁守者而義行之耳。贊而不達乎數，則其爲之巫；數而不達于德，則其爲之史‥‥吾求其德而已，吾與史巫同涂而殊歸者也。君子德行焉求福，故祭祀而寡也；仁義焉求吉，故卜筮而希也。祝巫卜筮其後乎！』」（見邓球柏《卜書周易校釋》）由此可知孔子好《易》，是好其德行部分，而非卜筮部分。這正和《論語·子路》「子曰：不占而已矣。」一語之義吻合。

《十翼》成於孔子之後，因此孔子所好的《易》之德行，僅在卦、爻辭中，今整理其中有關德行的文字，得到德、敬、恆、謙、乾五項，茲分述如下：

一、德，共五條。

1、〈訟、六三〉：「食舊德。」

2、〈恆、九三〉：「不恆其德，或承之羞。」

3、〈恆、六五〉：「恆其德。」

4、〈小畜、上九〉：「尚德載。」

5、〈益、九五〉：「惠我德。」

在《詩》、《書》、《易》（卦、爻辭）中，「德」字泛指道德，其時，並沒有「道德」一詞，「道」字也僅有「道路」、「方法」或「講說」之義，沒有「德行」的意思，直至孔子，才用「道」字表示德行，並與「德」字連言，如《論語·里仁》「吾道一以貫之。」《論語·述而》：「志於道，據於德。」

二、敬，共二條。

1、〈需、上九〉：「有不速之客三人來，敬之，無咎。」

2、〈離、初九〉：「履錯然，敬之，無咎。」

「敬」是處人治事的基礎，孔子曾說：「修己以敬。」（《論語·憲問》）子張問行，孔子答以「言忠信，行篤敬。」（《論語·衛靈公》）樊遲問仁，孔子答以「居處恭，執事敬。」（《論語·子路》）故以敬待人，雖遇「不速之客」，亦能「無咎」。

三、恆，有七條。

1、〈需、初九〉：「需于郊，利用恆。」

2、〈豫、六五〉：「貞疾、恆不死。」

3、〈恆、初六〉：「浚恆，貞凶。」

4、〈恆、九三〉：「不恆其德，或承之羞。」

5、〈恆、六五〉：「恆其德。」

6、〈恆、上六〉：「振恆，凶。」

7、〈益、上九〉：「立心勿恆，凶。」

孔子曾嘆人「難乎有恆」，而謂：「得見有恆者，斯可矣。」（《論語·述而》）又說：「南人有言曰：『人而無恆，不可以作巫醫。』善夫！不恆其德，或承之羞。」孔子引〈恆、九三〉之文評無恆之人，可見其對《易經》爻辭之熟悉與重視。孔子十五志學，至七十而猶不輟，這是對「恆」字的最好註釋。

四、謙，《易》有〈謙〉卦，除〈六五〉外，其他五爻皆有「謙」字。《易經》六十四卦，除〈謙〉卦六爻皆吉，其他六十三卦無一卦如此，這足以發人深省。《論語》中沒有「謙」字，卻有一個同義字——「讓」。讓是孔子五德之一。子路其言不讓，孔子哂之。（《論語·先進》）謙讓不驕，「慮以下人」（《論語·顏淵》），遇事自能逢凶化吉。

五、乾。

《易經》首卦爲〈乾〉卦，其〈九三〉曰：「君子終日乾乾。」孔穎達《正義》「言每恆終竟此日健健，自強勉力，不有止息。」孔氏以「健」釋「乾」，得其正解。帛書《周易》「乾乾」作「鍵鍵」，「乾」卦作「鍵」卦，即是以「鍵」代「健」而通「乾」。〈象〉曰：「天行健，君子以自強不息。」「健是乾之訓」（見《正義》），也是卦之名。

《論語》中無「乾」字，也無「健」字，但孔子「下學而上達」（《論語·憲問》），正是「健」的精神，而十五志學，至七十而能「從心所欲，不踰矩。」（《論語·爲政》），則是「健」的結果。

孔子把卜筮的《易》，扭轉爲德行的《易》，後來因而產生了〈十翼〉，這不僅建立了《易經》的人文思想，也豐富了中國文化的內涵。而卦、爻辭中這幾個有關德行的詞語，則是其關鍵，其基礎，雖少，卻具有極爲重要的地位。

世伯順初先生飽讀詩書，沉潛經學，尤擅於《易》，著有《易》學論文多篇，並爲中華易學研究會常務理事、常務監事等職長達十四、五年。先生爲人，謙恭有禮，可謂「謙謙君子」矣；其爲學也，「終日乾乾」，奮進不已，雖屆耄耋之年，猶撰作不輟，可謂「有恆」者矣。今者又賡續完成《天均詩文集》第三集，命培林作序。培林因是末學，豈敢班門弄斧；但又不敢違命。因思先生行爲，乃孔門道德之實踐；先生詩文，是《易經》人文精神的發揚，於是不揣淺陋，撮舉《易經》卦、爻辭中有關「德行」的文字，粗成此文，以示先生動靜語默皆能中矩者，實其來有自，非倖而致也，是爲之序。

私立玄奘大學教授余培林序于台北

天均詩文集（三） 序四

徐繼顯

中華易學研究會監事會主席鄒道長順初兄繼《天均詩文集》一、二集之後，又出版第三集，獲悉之餘，欣喜曷似！

順初兄爲人謙誠，道德文章，望重一方，素爲繼顯景仰，而爲學會諸君子一致推崇。每讀其詩文，深覺識見卓絕，文采風動，見解獨到，感人肺腑，益見其學養廣博而深厚。而最難得者，其詩其文深具憂時憂民之仁心與憂黨憂國之心志。此正足以說明：惟賢者而後有真憂，亦惟賢者而後有真樂也。

繼顯走筆至此，特將北宋大文學家范文正公簡介如后：

范文正公于西元一〇四六年，即宋仁宗慶曆六年九月十五日貶官鄧州時，應友人滕宗諒之邀而寫〈岳陽樓記〉（岳陽即今湖南省岳陽市）。其文描寫景物具體而精細，渲染環境氣氛真切而生動，但非純粹爲寫景，范文正公在文尾提出「先天下之憂而憂，後天下之樂而樂」千古名句，展示了一種崇高的人格和寬廣的胸懷，亦足以說明仲淹先儒憂時憂民憂國之仁心，而引起所有志士仁人之共鳴。

繼顯簡介范文正公之原意是在說明順初兄憂在人先，樂在人後之仁心壯志以及寫景寫情均可與文正公之岳陽樓記有異曲同工之美。

順初兄無論寫景物、環境與世事之變化，其心志如一，永遠不變，其風格與古之仁人志士，毫不遜色。

近三年來，繼顯與順初兄過從甚密，每有新作，必先見示，尤其順初兄在擔任二三聯誼會會長期間，初僅有會員十一、二人，未幾即增至三十左右，每次聚會，必有新作分送會友，使餐會之氣氛和樂融洽，歡笑一堂，此景此情，令人懷念難忘，其受人愛戴之情，永縈腦際。

茲《天均詩文集》第三冊問世，欣喜之餘，特為之序。

中華易學研究會榮譽理事長　徐繼顯序于台北永和市

天均詩文集（三）序五

賴淮

易經孔孟儒家文化源遠流長，博大精深，爲人類共存共榮之哲理，深具普世價値。英國歷史學家湯恩比於考察三十四國文化後，肯定二十一世紀爲中國人世紀，理由是中國文化是主張以德服人的文化。前香港總督葛量洪一九五八年在美國哥倫比亞大學演講，以他在香港做過十二年總督的經驗，爲這句名言作證。他認爲中華文化特別高深，所孕育的中華民族特別優秀，人人能到任何地方成家立業，並和任何國家、民族、宗教、階級和平相處，而中國人口又特別多，超過世界總人口的五分之一，所以二十一世紀確爲中國人的世紀。（八十八年八月二十八日中山學術論壇第一七四期陳立夫：「開創華人和平建設世紀」一文引）。一九八二年有許多位諾貝爾得主在巴黎例行餐會，會中談到二十一世紀人類需要什麼思想，才能和平共存，答案是超越語文、種族與宗教的孔子思想。（二000年研易學友文集（下）六四六頁，張老師：「論語十個故事」一文引）。

鄒道長順初兄，籍隸名城衡陽，爲我中華易學研究會創會道長之一，久受先聖先賢學風之薰陶，對經史子集研究精湛，加以閱歷豐富，勤於寫作，培養成札實的文字功力，今雖屆高年，「白髮滿頭猶著書」，期能正人心，闢邪說，曩昔拜讀其大著《禮樂與人生》、《天均詩文集》、《試談論語》等書，獲益良多，對其奮勵於弘揚孔孟儒家文化之功，深爲感佩。

過去儒家所稱道之禮，包括政治制度、宗教儀式、社會風俗及日常生活，這種禮，教人節制，教人和平，建立社會秩序，使君仁臣忠、父慈子孝，兄友弟恭，夫婦、朋友互相敬愛，因此儒家認爲禮是治亂的根本。至於樂是禮的一部分，附麗於禮，包括歌和舞，是「人情所不免」的（禮記・樂記、荀子・樂論）。樂教人平心靜氣，互相和愛，教人團結，故樂有改人心，移風易俗的作用，與政治息息相通，如禮壞樂崩，政治一定不成，所以審樂足以知政（禮記・樂記）「治世之音安以樂，其政和，亂世之音怨以怒，其政乖，亡國之音哀以思，其民困。」（禮記・樂記）。樂的歌辭就是詩，孔子教學生要「興於詩，立於禮，成於樂。」（論語・泰伯）。那時要培養成一個人才，必需學習這些。鄒道長以現代文字及現代思想撰著《禮樂與人生》，不僅使人瞭解禮記、儀禮等古籍之內容，且對於澄清混亂政教，安頓社會浮躁人心、建立安和樂利人生，實現易乾卦所謂「各正性命，保合泰和」理想有極大作用。

《大學》、《中庸》分別原爲《禮記》的篇，後人將其抽出單獨成書，與《論語》、《孟子》合稱四書。自宋代以後，注釋四書者頗多，眾說紛紜，莫衷一是。宋代朱子乃予重注，他注《大學》時，將其分爲經一章，傳十章，以傳釋經，爲使傳、經內容相符，於是顛倒原文次序，並增補一段。注《中庸》時，並未改動原書內容，但已調整章節，因此這兩部書的注，稱爲《大學章句》和《中庸章句》。《論》、《孟》兩書的注，則冶古注於一爐，故稱爲《論語集注》、《孟子集注》，朱子爲注四書，耗盡心血，注稿改定再三，至死方休。他死後，朝廷將朱注四書定爲官書。迄元代，以朱注四書優於前注，且切實用，乃定爲科舉用書。朱子教人研讀四書，旨在成人，但後來朱注四書變爲獵取功名的用書，恐非出於其本意。

《論語》爲孔子門人所記，書中盛讚孔子人格的偉大崇高，並闡述爲政、爲學、做人的道理，如「仁」、「忠恕」、「時習」、「闕疑」、「好古」、「隅反」、「擇善」、「困學」、

「君子」等項目，如能切己體察，妥爲應用，確是獲益無窮。但此書之問者、記者並非一人，問答言詞係隨機而發，故其深淺、先後次序並不分明，抑揚可否，亦因問答者之不同而異，如門人問仁，孔子的回答不一。後人基於實際需要，往往依言詞類別分類改編，如閻某主晉及台灣光復之初，均曾改編論語，前教育部長、孔孟學會會長陳立夫更將四書全部內容分散後，依《大學》三綱八目之順序改編而成《四書道貫》一書。鄒道長之《試談論語》大著，亦係分類注釋《論語》，綱目清晰，解釋簡約爲一大特色，頗適合讀者諷誦。

上〔九十一〕年四月，舉行易研會道友慶生會，鄒道長以會長身分發表感懷七律二首，有「國事蜩螗心耿耿，鄉思萬縷惓頻頻，家鄉老友如螻蟻，珂里強梁似蚡蝓」及「弱冠離鄉期壯志，耄耋歸里慊不酬，莫言四海爲家苦，歷盡丹邱萬象幽」等佳句，雒誦迴環，不忍釋手，無非欲借鄒道長酒杯，澆自己塊壘。惟詩中亦透露鄒道長生平可歌可賀事跡之一些端倪，故特戲說鄒道長「歷盡丹邱萬象幽」一語內似大有美妙文章，何不將其寫出，以廣道友見聞。如今，鄒道長果不負重望，梓行《天均詩文集〔三〕》，書中所記遊蹤，遍及台灣、大陸及北美，所到之處，均已拍攝精美彩色照片多幀，附印書中，并加以詩文說明，使人看了賞心悅目，宛如親臨其境，足以「觀國之光」，增益於人見聞匪淺。至其詩文，雖自稱爲酬酢之作，但均趣味盎然，讀之鏗鏘有聲，感人至深。綜觀全書最不易達到之境界即鄒道長對所經歷之各項事實，能以平易近人之口吻，淸徐有致的筆調，娓娓道來，苟非具有高度之文化素養，曷克臻此地步。承囑作序，自愧無文，何敢當此？過蒙愛及，聊且引用王荊公之兩句詩，以形容鄒道長之學術創作成就。

詩云：
「看似平常最奇絕，
成如容易卻艱難。」——
中華易學研究會常務理事前金門高中校長賴淮序于台北玫瑰中國城

天均詩文集（三）　序六

羅幹成

順初表姐夫昔日係與幹成岳父張公榮愚空軍同寅，因其品學均優，見識廣闊，榮愚公生前至爲器重，自榮愚公英年因公殉職之後，岳母凡遇重要家務，必多移樽就教于順初表姐夫，記得當年幹成與妻結爲連理，岳母則係參酌順初表姐夫之建議而定案，因此幹成對這位表姐夫敬畏有加。

茲突接表姐夫來函，稱其繼《天均詩文集》一、二集之後，又將出版第三集，並要幹成爲其書序，幹成心中一則以感佩，一則以惶恐：感佩的是這位表姐夫能在短短兩、三年期間，每年都能完成一部鉅著，尤其在其年高體弱情況之下，孜孜不倦，其毅力之堅定實非常人能比擬；惶恐的是幹成古文詩詞程度太低，只得趕緊將其前兩集及近年所寄來之詩文找出來再詳加研讀，既然授命寫序，只有勉力爲之。

順初表姐夫雖爲軍人出身，但允文允武，國學極爲淵博，思路敏銳而細緻，閱讀其詩文，深感見多識廣，見解獨到而深入，尤對國家社會有一股深沉的愛和關懷，感人至深，他那憂時憂國憂民的仁心，令我同感心戚戚焉。真是一位至情至性的性情中人。

順初表姐夫自稱一生是勞碌命：舉凡大陸各省城；台灣本島南北各城鄉；外島各島嶼，都有他的足蹟，真可謂中華民國走透透；美國各地也有他的腳印。他不但是一位書香門第熱愛鄉土的湖南騾子；更是道道地地的愛台灣鄉土的真台灣人，具有強烈本土愛國血性漢子，也是一位民胞物與具有世界觀和宇宙觀的先知先覺者；更是一位先天下之憂而憂，後天下之樂而樂的人道主義者。從他的詩文字裡行間中，在在都流露出他親民愛物悲天憫人的情操。現《天均詩文集（三）》即將出版問世，深信對現今世道人心及政治人物將是一帖箴言妙方。在景仰之餘，謹為之序。

行政院農業委員會農業試驗所簡任主任　羅幹成序於台中霧峰

天均詩文集（三）序七

鄒建周

順初宗兄惠我《天均詩文集（二）》及《天均詩文集（三）》自序各一，要建周爲《天均詩文集（三）》書序，惟建周自認才疏學淺，難達宗兄願望，但有感順初兄與建周非僅有同宗之誼，且又同研易學長達念載之久，於情於理，均難以推卻，在情非得已之下，祇有將順初兄惠擲之詩文再詳加拜讀，以所獲心得付之爲序。

先談《天均詩文集（三）》內含，係以其數十年來所到之處，留有可堪回味之照片分門別類加以詩句，多達兩百餘幀，依同道之建議以「人間自是有丹邱」命名，再將年來所作之詩詞命名爲「隨緣詩話赤子心」，以及與友好之來往書柬，以「知音互唱魚雁情」爲名，如此著作殊非易事，若非宗兄學識廣達，德高品尊，則實難完成如此之優美巨著。

其次，談《天均詩文集（二）》所述之春秋縱橫談文中言及孔子晚年見世道日衰，弒逆篡盜者多有，淫縱破義者比肩，夫妻道絕，骨肉親離，人倫乖謬之際，乃作春秋，寓其褒貶，別其善惡，用事實以期亂臣賊子懼。順初兄寫此春秋縱橫談，亦是鑒於今日社會與春秋時代之亂象有過之而無不及，在憂國憂時之心態下而執春秋之筆，其主旨乃在宏揚春秋大義，其取材之廣，用心之細，千百年來無出其右者。

再看順初兄之試談論語，可說條理分明，且詳加註釋，并指出語句之主旨，非但能使讀者容易領悟，又能增加閱讀興趣，殊屬可貴，尤其其在結語中將季氏伐顓臾之警語：「吾恐季氏之憂，不在顓臾，而在蕭牆之內」，與湯伐桀之告天禱辭：「朕躬有罪，無以萬方，萬方有罪，罪在朕躬」以提醒海峽兩岸主政者之持重，如此醒世言論，何殊暮鼓晨鐘，其影響所及，雖難與先聖媲美，然其用心良苦一也。

再次，談《天均詩文集（二）》，尤多悲天憫人之佳作，如九二一集集大地震，九一一紐約世貿大樓遭突襲，以及納莉颱風水淹北台灣等所賦之七絕，非但蘊含人間至情，復可為爾後歷史之佐證，無一不令人沉吟低迴，心絃盪漾，感人極其深遠。

順初兄生于人傑地靈，常年雲霧纏繞，清流峰巔，素稱天下勝景五嶽之一南嶽之陽，名曰衡陽，衡陽為人文薈萃之地，歷代多有出類拔萃之輩，如明末清初先儒王船山先生，不但與順初兄同屬鄉里，其窀穸處與順初兄出生之地僅十餘華里之遙，據聞上年船山先儒逝世三百一十週年紀念，省垣舉行文化節，曾函邀順初宗兄組團參加，由此足以證明鍾靈毓秀之不虛語矣。

試觀今日，國事日非，紊亂不亞春秋戰國，建周與順初兄同具有赤子之心，願順初兄之《天均詩文集（三）》早日問世，以廣讀者見聞，是以為序。

中華易學研究會常務理事兼頤園主任　鄒建周

民國九十二年五月二十八日

于台北新店

天均詩文集（三） 自序

順初行年今已八十有四，解甲之後，從事易學研究有年，且與知交友好共同創立中華易學研究會，以犧牲奉獻精神，從事中華文化之傳承工作，曾任學會常務理事、理事、常務監事五屆，長達十四五年，且曾擔任會友委員會主任委員，三年前復蒙各道學友之錯愛，推舉爲聯誼會會長，近三年中，爲加強道學友情感交流，曾先後舉辦慶生等多項活動十一次，列入易學季刊之報導數十篇。上（民九一）年四月二十八日舉辦慶生會時，洽逢順初與聯誼會總幹事蘇麗香小姐同慶賤辰之日，順初因感世亂時艱，且年邁多病，感慨之餘，曾賦七律兩首，除予餐會中作簡略報告外，并印發各聚會同道每人一份，由于第二首有：「歷盡丹邱萬象幽」之句，學會常務理事賴道長淮兄（賴兄曾任金門高中校長）對順初所賦讚賞有加，且建議能以「歷盡丹邱萬象幽」爲題，述作成書，以廣各道學友之見聞，順初雖曾面予婉拒，日前復有同道提及，職是之故，乃決定將年來尚未列入《天均詩文集》之詩詞與散文，乃至知友之和唱與書函，加以整理；以及順初數十年來所到之處，留有可堪回味之生活照片兩百餘幀，按中國大陸、臺澎金馬、美國各州三大部門，予以分類彙編，加註詩詞，以「丹邱」爲題，命名爲「人間自是有丹邱」述作；作爲《天均詩文集（三）》，其內容概分爲「人間自是有丹邱」、「隨緣詩話赤子心」、「知音互唱魚雁情」、「含章可貞散文集」、「繁縟小品隨附錄」五大類，以答賴兄之厚愛，及供讀者之消遣，是以爲序。

茲爲加強讀者對「丹邱」之出處及了解，特附註釋如后。

丹邱註釋

一、丹邱者，按韓翃題仙遊觀詩曰：「仙臺初見五城樓，風物淒淒宿雨收，山色遙連秦樹晚，砧聲近報漢宮秋，疏松影落空壇靜，細草春香小洞幽，何用別尋方外去，人間亦自有丹邱。」

二、右詩大意是說：「看到五城樓上，正是風景淒涼，隔夜雨已停止，山色遠連著晚來秦地樹木，擣衣聲由近處傳來，知道漢宮已是秋天，而稀疏松影射到空靜壇坫之上，但細草還帶著春天香氣在幽靜小洞之內，吾人能得到如此境地，又何必再去尋找方外，因爲人間也有和丹邱一樣的仙境啊。」

三、原詩辭句註釋：仙遊觀即道院名，五城樓即五城十二樓，爲神仙所居之地，方外即世外，丹邱爲海外神仙所居之地，晝夜常明。

四、韓翃，爲中唐南陽人，字君平，有詩名，爲大曆十才子之一，官終中書舍人。

天均詩文集（三）目錄

陳資政立夫先生墨寶

唐國策顧問振楚先生題字二

中華易學研究會明鳳彩道長惠賜丹青

序文

乙、隨緣詩話赤子心

壹、詩

參、聯語

丙、知音互唱魚雁情

參、作者答復知友函

丁、含章可貞散文集

戊、繁縟小品隨附錄

後記

甲

人間自是有丹邱

壹、華夏風物冠天下

北京

鳳翥龍翔天皇居 民七十七年攝

鳳翥龍翔閒憩地 民七十七年攝

故宮煙雨教人迷 民七十七年攝

京畿景物黃金砌　民七十七年攝

天壇猶有帝王味　民七十七年攝

頤和園裏錦繡廊　民七十七年攝

頤和園裏燕雙飛　民七十七年攝

邊關要域留行蹤 民七十七年攝

頤和園裏別有天 民七十七年攝

香山遊人蛻成仙 民七十七年攝

香山遊人蛻成仙 民七十七年攝

頤和小橋畔倩影　民七十七年攝

邊關要塞留芳影　民七十七年攝

頤和亭閣媲瑤台　民七十七年攝

萬里長城似腰帶　民七十七年攝

南京

鍾靈毓秀藏忠骨　民七十九年攝

中山陵園懷千古　民七十九年攝

夫子廟中瞻聖賢　民七十九年攝

鍾山結伴瞻古跡　民七十九年攝

玄武湖鶼鰈情深　民七十九年攝

朱雀橋邊影雙雙　民七十九年攝

秦淮河畔倒影呈 民七十九年攝

秦淮樓榭呈倒景 民七十九年攝

秦淮畫舫影雙雙 民七十九年攝

杭州

西子湖濱姊妹情 民七十九年攝

湖濱遊艇留儷影 民七十九年攝

山色矇矓景更奇 民七十九年攝

柳浪聞鶯遊艇邊 民七十九年攝

西子湖濱思故人 民七十九年攝

豢象聞鶯世間奇 民七十九年攝

水光瀲灩映三潭 民七十九年攝

秋盡江南草猶春 民七十九年攝

杭　州

踏春行（二）

橋頭欄畔踏春行（一）　民七十九年攝於西湖

蘇　州

姊妹情（二）

拙政園裏姊妹情（一）　民七十九年攝

武漢

花龍獨守黃鶴樓　民七十九年攝於武昌

岳陽

巧奪天工岳陽站
民七十九年攝

巴陵勝景堪留戀
民七十九年攝

岳陽

洞賓醉倒岳陽樓　民七十九年攝

巫峽牌坊觀湘江　民七十九年攝

澤東揮毫弔小喬　民七十九年攝

君山遊旅棲息地　民七十九年攝

洞庭湖渙湘江水　民七十九年攝

湘妃亭畔蓮花香　民八十四年攝

湘妃祠峙叢林中　民八十四年攝

君山獨秀洞庭春　民七十九年攝

衡　陽

迴雁峰前衡陽雁　民八十四年攝

人文薈萃看湘江　民八十四年攝

南　嶽

五龍捧聖氣雍容　南嶽衡山靈秀鍾
放眼長江飄玉帶　仙凡嬉戲祝融峰

民七十七年攝

奇峰之前好觀天

民七十七年攝

天均誕生耕讀家 民八十四年攝

朱子育才傳千古 民七十九年攝

湖 南 張家界

是眞如幻紅塵裏
遊仙行僧好定禪 民七十九年攝

放眼乾坤難覓路
尋幽探勝如登天 民七十九年攝

獨秀峰巔秋意甚
人間無處不丹邱
民七十九年攝

人在深山石英處
綠樹紅葉兩相隨
民七十九年攝

香　港

親情重聚香江市　民七十六年攝

香江重逢盡歡顏　民七十六年攝

香江夕照紅透天　民七十六年攝

香江亭園賞親情　民七十六年攝

鴛鴦悠遊山水邊　民七十六年攝

山色空濛景物奇　民七十六年攝

貳、臺澎金馬山水奇

臺灣北部

天鵝湖中樂悠悠
民七十八年攝於外雙溪

巧琢天成影雙雙
民七十八年攝於中正紀念堂

偉人之誌永流芳
民九十年攝於中正紀念堂

歌壇舞榭傳千古

民九十年攝於中正紀念堂音樂廳

鳥語花香鬧市幽

民九十年攝於大安公園

雲淡風輕三月天

民九十年攝於大安公園

高空纜車賞櫻紅　民九十一年攝於烏來

雲仙樂園父子情　民九十一年攝於烏來

海闊天空任我行　民九十一年攝於碧潭

依山伴水好修身　民九十一年攝於碧潭

錦繡樓榭林木中
民七十八年攝於故宮博物院

母子暢遊動物園
民七十八年攝於木柵動物園

文化傳承千古事

民六十六年攝於外雙溪文化城

逸仙經國又再生

民六十六年攝於外雙溪文化城

山色空濛景更奇

民六十一年攝於石門水庫

美人依偎美人石

民六十一年攝於野柳

淑媛園中試牧羊

民九十年攝於動物園

是眞是假由君猜

民九十二年攝於台北市燈會

十分瀑布如天降
民八十年攝於平溪十分瀑布

假山之旁憶華年
民七十三年攝於龍潭小人國

千年神龜載君行
民七十三年攝於龍潭小人國

秋景無意隱樓閣　天鵝有心叫悠然
民七十三年攝於龍潭小人國

似僞似眞莫之辨　小人國裏好消閒
民七十三年攝於龍潭小人國

雙溪博物傳千古　民七十七年攝於外雙溪

北投枯木又逢春

民九十一年攝於北投

站場外觀稱時秀

民九十一年攝於北投

萬馬奔騰鬧新春　民九十一年攝於台北市燈會

庭園造景巧奪天　民九十年攝於板橋林家花園

臺灣北部　淡水漁人碼頭

海灣放眼水連天　民九十一年攝

千年榕木偎碧水　民九十一年攝

雲影波光視一同　民九十一年攝

遊艇雜陳鄰海市　民九十一年攝

臺灣北部

淡水紅毛城

簡介：紅毛城者，應係指紅毛國所建，紅毛國，即今日之荷蘭，明代稱紅毛國，或紅毛番，明史和蘭傳：「和蘭又名紅毛番，其人深目長鼻，鬚眉髮皆赤，頎偉倍常。」

其建築，按距今已有三百餘年歷史，其建設與陳設仍保有歐洲風味，完好如新，遊人值得欣賞，以廣見聞。

民九十一年攝

臺灣中部

臺中亞哥花園

遊人尋勝神仙道　民七十五年攝

亭亭玉立梅花谷　民七十五年攝

恐龍之前思亙古　民七十五年攝

羊腸小徑尋幽去　民七十五年攝

假山堆裏靜賞花　民七十五年攝

人入花叢心神爽　民七十五年攝

臺灣中部

彰化花展

改賦彰化賞花

民九十二年古三月作

七五逢辰感至親　老妻伴我彰濱巡

卦山祈禱如來祖　花展場求觀世神

石樹盎盎稱鬼斧　蕙蘭簇簇居奇珍

無邊美景繚人醉　萬紫千紅盡是春

民八十三年攝於臺灣彰化

石樹盎盎稱鬼斧

民八十三年攝

臺灣中部
彰化花展

萬紫千紅盡是春　民八十三年攝

蕙蘭簇簇諸奇珍　民八十三年攝

人花獨鍾品花人　民八十三年攝

物華處處呈燊耀
民七十九年攝於日月潭

青山隱隱入懷來　民七十九年攝於日月潭

嫣紅奼紫爭妍俏
民八十六年攝於日月潭

鶬雀啁啾猿猴嗷
民八十六年攝於日月潭

林蔭拱橋顯幽景
民七十三年攝於阿里山

臺灣南部

萬籟無聲祝山晨　民七十三年攝於阿里山

萬丈光芒日初顯　民七十三年攝於佳洛水

三千歲月神木情
民七十三年攝於阿里山

碧水揚波塔影長
民七十八年攝於鳳山澄清湖

石橋九曲賽餘杭
民七十八年攝於鳳山澄清湖

佳洛礁石欣棋布
民六十九年攝於佳洛水

海灣燈塔映鵝鑾
民六十九年攝於鵝鑾鼻

隈山獨處聽濤聲
民六十九年攝於佳洛水

山外有山山含水　民六十九年攝於鵝鑾鼻

爲渡重洋須建廠
航海要造萬里船　民六十七年攝於高雄

七級浮屠成雙對
虎嘯龍吟九曲橋　左營

臺灣東部

瀑布悠遊出荒村
民六十四年攝於花蓮太魯閣

洞天仙府有親情
民六十四年攝於花蓮太魯閣

澎湖簡介

一、澎湖群島位於福建與臺灣之間，均以臺灣海峽海水相隔，澎湖亦稱大山嶼，大小島嶼多達六十四個，其中以馬公、白沙、漁翁三大島鼎立，地勢低平，沿岸多珊瑚。滿清無能，曾割讓給日本，光復後，劃爲臺灣省管轄，爲臺灣省之一縣，曰澎湖。

二、筆者四十餘年前曾數度赴澎湖視察，當時跨海大橋仍在興建之中，曾專程往訪，深感人力堪可勝天，尤其是通樑古榕，盤根錯節，不知其生長凡多少歲月，枝葉繁茂青蔥，能蔭數畝之地，可供一營官士兵之作憩，令人嘆爲觀止。

三、澎湖之大武山坵，仙人掌滿佈，春夏間黃花綻放，十分繚人，但澎湖之風沙則頗爲惱人，稍有不愼，即會進入眼中，乃一大憾事。澎湖群島居民多以捕魚爲生，魚爲居民之收入來源，亦爲生活之主食，因爲家家户户不分大小每天都吃魚類，所以澎湖人眼睛又圓又黑，又明又亮，有如黑珍珠一般，也可說是上蒼對澎湖人的恩典。

四、澎湖之風景獨特，近年建設輝煌，堪稱人間仙境，筆者因年老多病，近年故未重遊，因之缺少照片爲證，乃一憾事。

金馬地區
金門風光

說明：

一、作者三十年前工作金門時，有同學張其彬君函詢金門風光，作者曾賦七律兩首七絕一首作答。該時曾載拙作「隨緣吟草集」，但無圖，茲將當年所賦及已覓得之風景圖片重刊於此，以賞讀者。惜所賦之詩，仍有部份有文無圖，或有圖無文，尚請讀者原諒。

二、莒光樓簡介：莒光樓係民四十一年建於金門公園，背山面海，景色優美，是一座綜合古今藝術精華建築物，堡壘式三層高樓，飛簷碧瓦，雕樑畫棟，古色古香。樓前有鄭成功所遺留古砲，四周遍植花木，登樓俯瞰，可覽金門全貌，且可遙望大陸錦繡山河。

金門風光詩曰：

其一

金門描寫費思量，一戰古寧天下揚，
磽地奮耕成沃土，時珍石拓盛花崗，
湖臨谷壑魚龍躍，園建陽明草木香，
策馬鞍山頻極目，男兒到此自堅強。

其二

擎天峰峙萬夫雄，電發長江燦碧空，
塞海慈湖康濟澤，開衢武嶺塹巒通，
莒光樓上收帆影，浯水宮牆緬學風，
樹木十年資夏蔭，金門佳勝倍蔥蘢。

其三

料羅放眼水連天，垂釣太湖共粲然，
朱子祠中仰往聖，吳公亭畔慕前賢。

太湖簡介

金門守軍爲富國裕民，造福地方，特在島上開建第一座巨大人工湖，湖中並建有「報國」、「光華」、「華夏」三島，湖水澄清如鏡，假時泛舟其中，恍如杭州西湖佳境，令人心曠神怡。

陽明公園簡介

陽明公園位於巍峨太武山谷口，園內有明潭，碧波如鏡，有陽明洞，幽靜清雅，有心廬小築，林木茂密青蔥，爲戰地軍民遊憩之佳境。作者特賦詩兩句如後：

園建陽明草木香　垂釣明潭樂悠然

古崗湖簡介

古崗湖位於金城西郊之古崗村，四週群山環抱，碧波如鏡，綠樹成蔭，爲戰地綺麗風光之一，尤以古崗樓建於湖中半島，更顯得十分妖嬈，假日遊人如鯽，爲金門繁榮富庶之寫照。作者當年暮遊該湖時，曾賦有七律曰：

薄暮隨緣信步行，春風吹客到湖濱，亭台水映雲光繞，山谷嵐開氣象新，

豐草氄群聲嘎嘎，長林鴉陣羽振振，驀然敵砲騰空起，敵愾同深奮怒嗔。

古崗樓簡介

古崗樓位於金城鎮古崗村，建於山明水秀，景色綺麗的古崗湖中半島之上，是一座雕樑畫棟，富麗堂皇宮殿式之建築，樓前置有巨龍噴池與桃花林園，登樓眺望，湖光山色盡收眼底。作者當年在金門曾賦五十感懷七絕如後，詩曰：

一縷鄉思萬里懸，古樓雄武懷華年，
世情姑息如潮濫，回首白雲感萬千。

金門古崗樓

金門「毋忘在莒」勒石

毋忘在莒勒石簡介

毋忘在莒之勒石，係先總統　蔣公於民四十一年元月巡視金門時，登太武山之巔親手所題，而鐫拓刻於巨石之上，其義是在黽勉國人效法田單復國之忠貞志節，自後凡抵金門之中外佳賓，莫不登臨瞻仰。作者當年廁跼金門時，曾以夜闌爲題，賦有七絕兩首，堪可稱之臥薪嚐膽矣。詩曰：

夜闌

金門爲前方戰地，每晚十時戒嚴，就寢後久不成眠，故起而吟哦。

其一

金門四月氣猶寒，獨臥清齋夜近闌，
天地無聲歸寂寂，晚風殊出嘯南山。

其二

清和山外雨凝寒，客舍孤眠夜已闌，
萬斛閒愁難入夢，紛紜總覺世情難。

文台古塔觀海石簡介

文台古塔建於明洪武年間，原爲指示漁民航海作業之用，今已成爲內陸人民投奔自由標誌。明都督俞大猷戍金時，常來此遊憩，民五十五年，先總統　蔣公懷念先賢衛疆有功，特指示重建，並在巨石上加刻觀天觀海等字樣，乃成爲戰地軍民之精神標誌。時有情侶雙雙來此暢遊。筆者三十年前趁工作之便，亦曾到此，感慨之餘，曾賦七絕如後，詩曰：

放眼閩江怒髮沖，河山變色血濺紅，
親朋隔海難相望，總在辛酸懸念中。

金門文台古塔・觀海石

延平郡王祠簡介

金門延平郡王祠位於夏墅、后豐間之海濱，是爲紀念鄭成功而興建，莊嚴美觀，祠內供奉鄭成功塑像，並有衣冠等文物，且書有鄭之生平事蹟，充滿著復興志節與民族精神氣概，茲賦七絕一首以誌，詩曰：

山外欣榮萬物嘉，金城建設譽京華，
天公留此佳風景，好與孤忠國姓爺。

金門延平郡王祠

海印寺簡介

海印寺位於大武山谷，建築雄偉，四週林木蒼蒼，據傳該寺迄今已歷八百餘年，成爲文化產物，至今香火仍然鼎盛，善男信女常至膜拜，成爲信徒精神之所寄。筆者當年曾專程往訪，並賦有七絕兩首如後，詩曰：

遊海印寺

其一

玲瓏樓閣彩雲間，神像莊嚴斂玉顏，
嬝嬝香煙飄殿宇，幾疑碧落降仙班。

其二

清磬紅魚雲漢邊，善男信女拜神前，
應知此處塵緣淨，精衛毋須恨海填。

虛江嘯臥簡介

虛江嘯臥位於舊金城附近，與文台古塔爲鄰，「虛江」是明朝平倭名將俞大猷之別名，明嘉靖年間，俞戍守金門，發現該處襟帶湖海，樹木蔥蘢，奇石嶙峋，天成景色，美不勝收，故常至是處遊憩，並題「虛江嘯臥」以鳴志。奇岩之下，建有涼亭，爲當年鄭成功奕棋之處，筆者三十年前曾往訪，並賦有七絕如後，詩曰：

遊太武山

六十三年三月登金門太武山，詠於鄭成功奕棋處

虛江嘯臥太武巔，簌簌松風思悄然，
往日豪情何處去，獨留陳跡對青天。

馬祖點滴

雲台山上仰偉人　民六十七年攝

馬祖廟前懷恩澤　民六十七年攝

參、北美風物萬象呈

美國西部

洛杉磯

泥塑石雕入神化
林蔭深處影雙雙

民七十三年攝

洛城公園裏　拱橋似彩虹
佳人無族類　談天大開顏

民七十三年攝

爾灣樓榭次仙家　民八十二年攝

仙人球掌世稱王　民七十三年攝

影城門外留倩影

民八十三年攝於環球影球

儷蹤停趾尋佳勝

民八十三年攝於環球影城

爾灣藍湖

景中有景萬象呈 民八十三年攝

珍禽迎賓似有情 民八十三年攝

翹首長空賞雁行 民八十三年攝

湖濱獨處聽秋聲 民八十三年攝

寧靜樓閣杜族圍 民八十三年攝

雁群追人祇爲食 民八十三年攝

美國西部　西濱奇境

花彩列島繫親情　民八十三年攝

城中有城市中市　民八十三年攝

沙灘觀潮識珍禽　民八十三年攝

天琢蠵龜鎮海神　民八十三年攝

天涯地角夫婦行　民八十三年攝

母女丹邱留倩影　民八十三年攝

港灣旖旎姿萬千　民七十七年攝於舊金山

金門橋跨綠波邊
鐵架高聳兩岸懸
只惜橋成師亦古
徒留陳跡對青天
民七十七年攝

金山鬧市花織錦　民七十七年攝

碧海青天蕩漾心　民七十七年攝

丹麥城

丹麥稱城別有源
街衢清朗店雕軒
歐人風味十分足
北美容留本哈根
民七十七年攝

赫斯特堡位山巔
古物珍奇難計錢
富麗教堂稱絕代
黃金鋪設泳池玄
民七十七年攝

赫斯特古堡古物

赫斯特堡

萬佛城中戲孔雀

民八十三年攝於萬佛城

優勝美境聽鹿鳴

民七十七年攝於優勝美地

正襟危坐諸佛宮

民八十三年攝於萬佛城

童山濯濯更傳神

民七十七年攝於優勝美地

如黛青山目濛瀧

民八十三年攝於帝王谷

碧水童山景蕭蕭

民七十七年攝於舊金山橋

神佛殿前正襟坐

民八十三年攝於萬佛城

峽谷清溪且留連

民七十三年攝於錫安峽谷

扶欄直上覽青天

民八十三年攝於帝王谷

天王鎮守萬佛城

民八十三年攝

美國西部

人隨魚噞凌空舞

民七十三年攝於聖地牙哥

錦繡人生山水間

民七十八年攝於聖地牙哥

美國中部 黃石公園

高山野牛形悠悠 民八十三年攝

黃石公園舉世稱 民八十三年攝

似幻似眞神仙鎮 民八十三年攝

杉木森森方外境 民八十三年攝

美國中部

黃石公園歸途

石樹湖濱倍思親　民八十三年攝

春山含水介巫峽　民八十三年攝

遠山含笑迓遊人　民八十三年攝

水天一色煥春山　民八十三年攝

美國北部

尼加拉瓜瀑布

尼加瀑布界美加 民八十四年攝

萬里長空架彩橋 民八十四年攝

鹿角堆門世稱奇

民八十四年攝於尼加拉瓜瀑布途中

雁群棄嬉綠波間 民八十四年攝

幾見水中生石筍 民八十四年攝

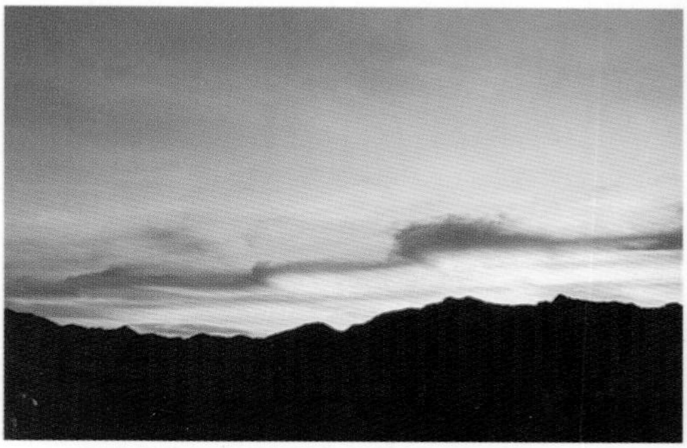

臨晨將現欲曙天 民八十四年攝

美國南部

暫別紅塵太空遊

民八十四年攝於休士頓太空中心

太空船邊父子親　民八十四年攝於休士頓

鐘乳奇石萬象呈

民七十七年攝於聖安東尼神仙洞

太空博物冠天下　民八十四年攝於休士頓

高傲科技變丹邱

民八十四年攝於休士頓

神仙洞裏物華徽

民七十七年攝於聖安東尼神仙洞

美國南部

異國風情惹人遊

民八十六年攝於阿肯薩斯州公園

一石擎天現雄姿

民八十六年攝於阿肯薩斯州公園

議事衷心傳天下
國會雄姿舉世聞

民八十四年攝於華盛頓

美國東部

爲國捐軀人人敬　英雄碑前悼英雄

民八十四年攝於華盛頓

北美民主初起步　遊人懷古眷殿堂

民八十四年攝於費城

憨直潔白示司法　君子小人一是同

民八十四年攝於華盛頓

美國東部　紐約都會

欲期千里目物華　只有乘風上碧空

民八十四年攝

庭院深深知何似　花團錦簇草如茵　民八十四年攝

萬丈高樓凌霄起
獨特建物號摩天

民八十四年攝

綠蔭樹下珍禽憩　碧波翠岸聽雁鳴

民八十四年攝

人煙稀疏陳寂靜　放眼乾坤景物連

民八十四年攝於紐約都會

彼岸矗立呼民主

眾生默禱自由神

民八十四年攝於紐約都會

世貿高樓入歷史〔此係一〇七層頂〕

綺麗聲名幸可得　民八十四年攝

此樓已被毀，見天均詩文集〔二〕二十九頁

白宮容貌視平平 掌控之君世稱雄

民八十四年攝於華盛頓

肆、作者居停似仙家

臺灣屏東

辛辛遊子依閭望
紅門有殊彼朱門

民六十五年攝

清高須有澹泊志
能與石花比瓊英

民六十五年攝

庭院繁華花織錦
鰜鰈共賞萬花叢

民六十五年攝

蓬門祖孫沐德澤
青蘿舒泰迎新春　民七十九年攝於台北汐止

書香門第傳久遠
耕前耡後慶長春
民六十五年攝於屏東

遠渡重洋回祖國
父子祖孫慶壽耋　民七十九年攝於台北汐止

校園優勝猶如畫
含飴弄孫逐歡顏
民七十九年攝於台北汐止

晚女回國爲事親
芳鄰何殊一家人
民八十年攝於台北汐止

莘莘學子成俊傑
嚴父慈母必稱賢
民七十年攝

欲期文化傳千古
易學研習是爲先
民七十八年攝

臺中霧峰

東瀛杜鵑紅似火 佳人愛花亦愛人
民八十三年攝

空中庭院春意滿
翠繞珠圍五嬋娟 民八十三年攝

盆栽庭園美如畫 茶花回報耕耘人
民八十三年攝

空中庭院遠山襯 盆花叢裏有親情
民八十三年攝

台中霧峰

返國入校習漢語
祖孫留影霧峰鄉

民八十六年攝

文化城中瞻古跡
誰識軍閥是喬裝

民八十三年攝

仁獸祇臨昇平世　麒麟閣上顯功名

民八十三年攝

奇石出產沙烏地　幽蘭貴尊君子花

民八十四年攝

十年難攝全家福　兒孫總算湊一堂　民七十九年攝

辦公室外存佳影　父子祖孫妯娌情　民九十年攝

作者居停　臺北新店

畫梅依然堪敬仰　惜緣惜福惜白頭
民九十一年攝

三星在户人增壽　梅蘭牡丹迓嘉賓
民八十九年攝

林木青葱倚湖邊 尋幽訪勝須有緣
民九十年攝

寬廣陽台花織錦　佳人惜花賞花叢
民九十一年攝

錦繡八駿唯妙肖　幽雅廳堂類仙家
民九十一年攝

積善林家仰古跡　庭院悠悠暢心神
民九十年攝

回味五四連理日　幽靜庭園留倩影

民九十二年攝

此處何殊丹邱域
鰜鰈耄耋度春秋

民九十二年

四季如春神仙境　父女賞花顯親情

民九十二年攝

士林官邸花織錦　母女俏立花叢中

民九十二年攝

賞心悅目親情顯　父女堂中話家常

民九十一年攝

道觀雄據半山腰　無爲自是樂逍遙

民九十一年攝

作者居停　美國爾灣

梅蘭竹菊壁上懸　是繡是畫君端詳

民八十五年攝

閑居陋巷堪養性　幽雅庭園好修身

民八十五年攝

東亞蘭香客舍裏　主人嫻靜似思鄉

民八十五年攝

鬱金花發送舊歲　故國情懷賀新年

民八十五年攝

居家陳設知人趣　晶石現象世間珍

民八十五年攝

結伴晨踏花間露　萬籟聲裏迎春深

民八十五年攝

作者居停　美國休士頓

名流字畫堂中美　一家老少影相從 民八十六年攝

裝飾是爲慶生日　含飴弄孫度春秋 民八十六年攝

作者居停　美國休士頓

慶生祇因念母難　猶惦歲月不饒人 民八十六年攝

裕民異邦慶父壽 同窗同仁同歡欣 民八十六年攝

乙　隨緣詩話赤子心

壹、詩

和陳新嘉兄弔華航空難原玉

昏君無道昧三綱，爲政不仁憾國殤，鮮恥寡廉今已最，妄奸狡詐早猖狂，
華航空難推己過，北市言災責雌黃，如此愚行天下少，拯民水火莫徬徨。

陳新嘉兄弔五二五華航空難原詠

無才無德亂朝綱，人禍天災痛國殤，尙獨尙權施詭戾，爲私爲黨甚猖狂，
飛機失事海洋赤，旱魃成殃大地黃，萬頃波濤血肉染，招魂復魄莫徬徨。

詠二次世界大戰後感懷

其一

任性貪婪日寇亡，柏林無事可言芳，中華自詡風光盛，北美稱雄樂未央。

其二

禹甸烽煙播禍殃，軍頭據地擅稱王，澤東詭譎堪欺世，介石中庸夢一場。

其三

鍾山綺麗最鷄忘，孽子孤臣徒自傷，款款親情恆久遠，尋根問祖須還鄉。

其四

青春年少別家鄉，報國盡忠志氣昂，老病死生置度外，酸甜苦辣習爲常。

胞兄斌初和二次大戰後感懷

其一

任性横行自必亡，中華抗戰史猶芳，泰來否去終于了，贏得陶然樂未央。

其二

竊國于今總算王，竊鉤自古都遭殃，浮生人海終成夢，名利到頭忙一場。

其三

鍾山風雨亦難忘，百戰歸來徒自傷，國亂家中多事故，人民哪個敢還鄉。

其四

少小離親哪計鄉，青年意氣志軒昂，人生奮鬥恆無我，縱有艱辛亦自嚐。

詠拓外交　勘時人

妲己當家商紂亡，嬴秦執政有何芳，曹操算盡天下計，葛亮悠遊樂未央，
玄德雄心慊志梗，周郎智弱暗神傷，鮮明史跡存殷鑑，俊士英豪豈可忘。

陳新嘉兄和拓外交原玉

六代麗華使國亡，巫山夢裏草芬芳，西施亂政復琅邑，呂后專權掌未央，
潘妃市遠寒螿泣，朱雀橋傾飛燕傷，韋莊題句太真切，寂寞莫愁永不忘。

代陳新嘉兄改和拓外交並重命題爲諸姬風雲

歷代奢華使國亡，巫山夢裏醉芬芳，西施亂政復琅邑，呂后專權掌未央，
飛燕嬌威成帝息，潘妃嫵媚昏侯殤，玉環承寵六宮怨，寂寞莫愁永不忘。

代聶貫品兄改夏日山居

綠樹蔭濃夏日長，葛紅圍內鬥驕陽，枝搖影動微風裏，花落如茵滿院香。

陳新嘉兄和夏日山居

葉落清秋日正長，臨風獨立倚斜陽，花飄滿院無人掃，南北東西總是香。

詠陳總統宣佈一邊一國有感

其一

一邊一國宣台獨，異想天開別九州，幼稚痴愚莫此甚，扶桑野子不知羞。

其二

憲法難修詭計愁，瞞天過海倡公投，炎黃裔胄心耿耿，紛亂何時到盡頭。

陳新嘉兄和一邊一國有感

其一

不學無文亂吹牛，一邊一國震神州，至今猶有狂奴態，禍到臨頭滿面羞。

其二

風雨飄飄不勝愁，斡旋英美倡公投，人民期望勿輕負，三尺神明在上頭。

讀夢醒南針有感──步崑崙道人原玉

青春年少醉天真，肆意狂歡祇自塵，但願人君施化育，哀矜孽子俾安身。

崑崙隱道人原賦

山林靜裏好修真，清水無波淨俗塵，大德之人行善道，天涯到處可安心。

註：一、按崑崙隱道人原詩之涵義，係以釋家出世之思維，言隱居山林好修行，但又希望大德之人能行善道，俾能到處獲得安心，難免有自私之嫌，筆者以為倘人人都盡如是，試問有何人甘願入世行濟世救人之作。

二、筆者所和，乃感時即事之作，蓋時下青年男女，諸多行為失常，如服藥狂歡，聚眾毆鬥，殺人劫財劫色，乃至搶奪偷盜，要皆因世事混淆，希望渺茫，故有意醉生夢死，可悲可嘆，故以儒家入世思維，希望我執政當局能負應負之責拯救無知，度化痴愚，以安社會。

詠秋遊淡水

其一

海灣放眼水連空，雲影波光視一同，順道毛城瞻古跡，專臨淡大賞楓紅。

其二

秋高氣爽淡江行，捷運如梭莫與京，美景連環觀不盡，罷歸猶繫海濱情。

其三

捷運神工巧奪天，潛行地下樂焉然，站場設計稱時秀，往返賢愚悉似仙。

斌兄和秋遊淡水

其一

台灣放眼水連空，霧海雲山視一同，邑中毛城懷古跡，坐憐淡大愛霜楓。

其二

常思難得淡江行，美景秋光似有神，一攬乾坤歸袖裏，推敲聲韻好詩情。

其三

巧奪天工似有仙，潛行土裏幻虛玄，尖端科學實難料，收拾乾坤一擔全。

詠高雄市長議員選舉查賄有感

雷厲風行無法天，藉抓賄選塞前愆，狐群埋揹雖難測，鬼蜮含沙感萬千，
魍魎奸邪行怪道，魅魑迷漫妄稱仙，紛紜時事待綏淨，驅聻除妖眉睫然。

註：依據電視〔緯來與新聞駭客〕節目及報張等報導，高雄市長議員選舉，執政高雄市民進黨市府民政局長王文正，爲市長參選人謝長廷助選，除曾向高雄市「玉皇宮」利用職權索取新台幣貳百捌拾萬元，復又爲議長參選人朱安雄公然在辦公室進行賄選，王局長雖遭收押，但不查辦，而檢調單位竟宣稱凡退回賄款者則不起訴，因而不少當選議員退交檢調單位，賄款竟多達數千萬元，令人十分訝異。而謝長廷所向玉皇宮勒索之款，民進黨中央竟爲背書爲政治捐獻而解其貪瀆刑責，更有甚者，高雄市檢查長向民衆說明查賄經過，而行政院法務部長陳定南竟公然要其封口，自後各查賄者則噤若寒蟬，今時主政者竟如此無法無天，實令人不勝感慨萬千，特賦詩以誌，作爲歷史之見證耳。

再詠高雄市長議員選舉

其一

高雄選舉是非多，派系紛爭似著魔，滿以錢能成萬有，誰知平地起風波。

其二

號稱選舉是求賢，實則強梁爲最先，可惡佞人施詭計，烝民無語問蒼天。

其三

猾奸狡詐似無常，一石四鵰戾氣揚，且莫洋洋喜自得，應知天理最昭彰。

其四

萬千一票傳塵囂，受賄諸君心自慆，檢調紛忙搜事證，風聲鶴唳到通宵。

註：民九十一年十二月高雄市市長議員選舉，市長候選人謝長廷（民進黨原任），黃俊英（國民黨），由于原任謝長廷政績不佳，僉以黃俊英應可當選，詎料投票前數日，國民黨前高雄市刑事局長姚高樵陣前倒戈爲謝助選，兼之買票傳聞不斷，黃俊英終致落選，雖然買票甚囂塵上，但執政當局仍視若枉聞，置之不理，賡即辦理正副議長選舉，因朝野各黨當選議員均未過半，不敢提名人選，執政之民進黨則計劃支持無黨籍之朱安雄、蔡中雄爲正副議長參選人，但條件是朱安雄必須先加入民進黨，未料爲朱所拒，但朱蔡二人仍以無黨籍身份參選，且暗中進行買票，傳聞每票高達貳千萬元，分事前事後交付，執政之民進黨此時乃使出一石四鳥之計，責由檢調部門以雷霆萬鈞之勢查賄，旨在打擊在野三黨，及該黨當選之市長謝長廷，爲二００四年總統大選開路（因防謝參選總統），可說高明之至，有如做賊喊抓賊，形同黑白無常，令人叫絕，弄得所有當選人人人自危，先在朱安雄及民進黨詹姓當選人家中查獲疑似之賄

款，乃予以收押禁見，據檢調公佈，須接受傳喚者高達二十二人，爲當選議員大半，并揚言凡承認受賄，及自動繳回賄款者則不予起訴，已繳回賄款高達三、四千萬元，但以執政之民進黨八人爲最多，諒爲民進黨始料所未及，台灣選舉如此惡劣，乃全民之恥，實不勝唏噓，特賦詩並加說明以誌。

詠國民黨欲奪回執政權

其一

勾心鬥角令人憎，異想天開更可悽，失敗迄仍不自反，何殊寺廟化緣僧。

其二

久處奢華慣弄權，忌才圖利不知悛，至今還在騎盲馬，走板荒腔舉世鮮。

其三

老幹昏庸仍戀權，新枝無奈痛心田，若仍沉醉魂夢裡，亡黨消聲在眼前。

詠國親兩黨合作

其一

合作之先須棄嫌，忠奸良莠是前瞻，民心背向成鴻則，大治方針必清嚴。

其二

國親合作在謙誠，機制常規須訂明，黨代基層先撫定，新枝舊幹要精英。

詠宋楚瑜選二〇〇〇年總統在李登輝設計之下落選

自私自利兩相纏，多難多災苦萬千，蓄意南投昌省政，循心北向諫均權，
忠君巽語微妙句，父子相稱鬼話篇，興票方知是詭計，渾人豈有出頭天。

記趣

九十二年三月十七日于新店家中

奇石前身是木頭，琢猴閒憩形悠悠，芙蓉枯梗青松寄，畫意詩情境幽幽。

註：昨日星期假日，閒逛新店花市，購得以海芙蓉枯枝製作之人工古松一株，與蘋雯于家中合力以強力膠植于老友馮世珍早年從沙烏地阿拉伯帶回贈我約十餘公斤木頭化石之上，復將今春遊北市龍山寺街頭所購得之牛骨雕成坐姿獼猴，置于松樹之下，成為美妙之石樹藝品，陳于家中電視機旁，甚為美觀，特賦七絕以誌。

詠波灣又掀烽煙

九十二年三月二十四日

其一

有史以來論戰爭，波灣英美異常情，彈轟砲哄鬼神泣，惡劣蠻橫舉世驚。

其二

師出何名探實情，賓登恐怖是前因，海珊強悍堪欺世，無辜生靈當狗烹。

其三

反戰哮聲遍五洲，美英任性人人憂，時逢科學昌明盛，火煉沙坵無限愁。

其四

巴格達陬烽火燃，天災人禍苦無邊，耶穌穆罕排他甚，伊拉烝民臨九淵。

其五

撼天震地驚塵寰，海陸空軍似野豻，不避鋒芒必作鬼，誰憐浩劫波斯灣。

其六

連翻轟炸徹雲霄，巴格達成煉獄窯，雍睦人文增恚恨，布希何異世間梟。

其七

萊爾相君無是非，情仇愛恨各相違，堪稱魯莽行爲乖，落得英倫衆所譏。

註：一、伊拉克位于中東波斯灣之一回教國家，亦爲全世界生產石油第二大國，因在該國總統海珊獨裁治理之下，政治經濟均爲良好，爲中東阿拉伯國家中之大國，因其生產石油，可說對全世界有舉足輕重之能。尤以其軍事十分發達，非但能製核武及生化武器，且飛機坦克大砲飛彈無不俱備，兼之其總統海珊爲平民出身，好強鬥勝，十分跋扈，在回教國家中儼然以馬首是瞻。

二、美國自二百餘年前脫離英國獨立于北美以來，由于其實施民主制度得法，政治經濟又勉稱強大，尤其是在二次世界大戰中以核子彈平息紛爭，乃成爲全世界強權之一，在聯合國爲常任理事國之一，握有否決大權，故自詡爲世界警察，因此對全世界近貳百國家中，凡其認爲有強盛發展之勢，而不聽其擺佈者，則均會加以干預其作爲，如韓國之李成晚，越南之吳廷琰，菲律賓之馬可仕，中國之蔣介石均在其干預之下失去政權，今日伊拉克之海珊除有如以上各國之元首外，另尚有下列之徵結。

三、民國九０（二００一）年九月十一日美國紐約世貿大樓遭恐怖份子劫持飛機撞毀，暨華盛頓五角大廈與美國國會山莊，及大衛營，白宮均遭襲擊，美國竟不知爲何人所爲，後經多方查證，始知爲沙烏地阿拉伯人回教恐怖份子首腦之賓拉登爲幕後主導。美國報復賓拉登曾用大軍對在波斯灣賓拉登藏匿之阿富汗實施轟炸圍剿，但均無效，據傳賓拉登尚在人間，且不時放話，要再對美國報復，伊拉克總統海珊在此時竟讚許賓拉登之恐怖作爲有加，因此美國總統布希乃認海珊爲賓拉登之同夥，故在聯合國藉故說伊拉克有核子及生化武器，將危害人類，提案要海珊自行銷毀核彈及生化武器，聯合國通過派遣人員到伊拉克武檢，因無成效，美國又提議要海珊自行流放，否則即以武力解決，竟獲聯合國認同，詎料海珊十分強悍，置之不理，美國乃利用原有議案，如海珊不自毀核子生化武器，即可以武力解決之法案例，不再徵聯合國之同意，乃夥同英國首相布萊爾，于民九二年三月二十日宣稱聯軍，使用飛彈數千枚，飛機坦克無數進軍伊拉克之首都巴格達，在電視中可看到者，巴格達火燄沖天，塵土飛揚，響聲震耳，此真人間浩劫也，故賦七絕以誌如上。

癸未八四逢辰感懷

九十二年古三月十五日

其一

世亂時艱意興闌，天災人禍擾偏安，高年慶壽原非易，且棄閒愁一日歡。

其二

今春時事教人憂，怪恙烽煙遍五洲，軫念胞兄梓里逝，還憐友好他邦休，

波灣征戰震天下，東亞奇痾到處流，艱澀情懷鷬慶壽，權拋習俗不相酬。

其三

去年壽慶酒樓中，同道稱觴滿面紅，欣見春光又綺麗，子孫萃止醉薰風。

其四

八四懸弧憶舊時，往年頌壽耽吟詩，今朝興致何缺缺，珂里家山繫我思。

註：一、今（九十二）年，入春以來，首先是農曆正月初九，接衡陽市長女電話，告以老家衡陽縣桐梓鄉胞兄斌初于當日晨逝世噩耗，當即張羅治喪費用匯歸。忽又接得訃聞或電話通知老長官羅中揚逝于美國舊金山，老同事楊麟書逝于台北空軍總醫院，同鄉劉崧俊逝于台大醫院，賡即又傳老長官烏上將夫人辭世，因之自春節到農曆二月五十天內，可說都在奔于追悼集會之中，順初心情可說艱澀至極，也可說今年春節是在悲傷情懷中度過。

二、國曆三月中旬，據電視報導，世界衛生組織證明香港新發現一種 SARS 容易傳染之病症，無藥可醫，且亞洲歐美各國均有發現，令人不寒而慄，可說人人自危，不敢外出，因之旅遊業，航空業，乃至飲食業，生意十分蕭條。臺灣經濟本就惡劣，以致一衰再衰，居民無不憂心忡忡。

三、國曆三月二十日，美英聯軍不顧聯合國之情面，正式出兵攻打波灣回教國家伊拉克，使盡陸海空三軍大力，火煉沙坵伊拉克，順初曾以「詠波灣又掀烽煙」爲題賦七絕七首以誌。

四、第三首係回憶上年賤辰之日與易學會同道在北市八德路富順樓舉行慶生會情形，第四首請看註一、二、三各條，當知含意矣。

再詠政府治 SARS 無方

九十二年五月十七日接武道長梅郁兄電話後感賦

其一

和平封院欠端詳，病患遷居亂主張，似此愚行世少見，何殊助菌四方揚。

其二

無能政府民遭殃，病患睜睜待死亡，莫盼昏君能理事，自求多福保安康。

其三

煞士疫情日益猖〔SARS，筆者自行翻爲煞士，特請讀者參考〕，無人主政太荒唐，可憐黎庶心如絞，失望悲哀淚千行。

其四

治煞無方似白痴，傷亡日盛人人危，君臣專作投機事，走板荒腔在自欺。

註：臺灣治 SARS 疫疾，迄今已近兩月，目前已漫延全島。筆者曾填滿江紅詞以誌，茲見政府束手無策，死亡人數已近四十人之多，疑似染病者近千，由于必須之預防口罩及醫務所需之防護衣缺如，因之年青有爲之醫師已死亡兩人，有爲之護理人員亦有多人死亡，令人不勝心痛，我主政者如此無能，嘆爲觀止。尤其是歐美各國報張同聲指摘，更使國人臉上無光。爲感念醫務人員無辜捐軀，特再賦七絕四首以誌實情。

詠蕭萬長接受陳水扁首席經濟顧問

其一

忘恩負義何其多，無恥之徒效飛蛾，假藉興亡彼有責，實貪名利做僂儸。

其二

姦梟蟄伏黨中央，小李權傾脅萬長，黨德黨魂再不振，何殊養虎禍蕭牆。

其三

異想天開真蠢才，牆頭蕞草有誰哀，厚顏投敵不知恥，賣祖求榮必招災。

其四

離經叛道求公卿，自取滅亡遭罵名，諍友同儕均惋惜，痛心共譜鷓鴣聲。

詠陳水扁聘蕭萬長爲首席經濟顧問

其一

因求勝選惹心焦，借將論才在造謠，名振財經實政治，牛刀小試出前招。

其二

假借人才擾敵營，藍軍上下夢魂驚，明知勝選難期望，造亂成災或可贏。

註：一、國民黨首席副主席蕭萬長當年在宋楚瑜任黨秘書長時即係隨宋從政，亦可說是宋一手栽培之人，宋任省主席時，蕭仍擁宋，國民黨前主席李登輝爲報答宋楚瑜極力保李登上黨主席寶座，而達成黨政一體大權在握之恩情，故派宋爲台灣省主席，繼而爲宋輔選當上省長，宋在省主席期間，李宋曾譽父子關係，奈何宋任省長時聲名如日中天，李則懼宋功高蓋主，則先將擁宋之蕭萬長予以分化，而予蕭以優渥方法，將蕭背宋，因而蕭能部長、主委、到行政院長。而宋則發現李非但爲台獨份子，且又曾爲共產黨員，宋當然對李也有所顧忌。李怕宋將成爲其後患，因之二人貌合神離，李則極力欲置宋于死地，首先串聯民進黨廢省，後又不准宋與連戰搭配參選正副總統，宋在走投無路之際，乃脫離國民黨，與張昭雄搭配參選二〇〇〇年正副總統，由于李登輝假借興票案誣宋貪污，致宋遭受落選，但僅輸民進黨參選人三十餘萬票，而李所支持之連蕭一組得票未及宋張一組一半，此情盡人皆知，可說陳水扁是在不到百分之

四十得票率意外當選，此爲李分化國民黨之手段，嗣國民黨發現李之叛黨陰謀，在全黨同志要求之下，開除李之黨籍。而蕭萬長當年明知國民黨在李陰謀之下政權不保，在宋脫黨參選時，凡曾追宋主省政時之人員，則紛紛脫離國民黨而爲宋助選，惟蕭聽從李登輝之陰謀，而與宋爲敵參選總統，結果慘敗，足證蕭非但是非不明，不識時務，且對宋又忘恩負義。自國民黨開除李登輝黨籍後，國民黨則舉行清黨，蕭雖仍保有黨副主席之位，但蕭已眾叛親離有位而無權矣。

二、蕭在以上所述情形之下，既難隨李主張台獨，又無能另行組黨，因之在黨內之聲望，可說江河日下，尤其是下屆二〇〇四總統選舉，在國民黨先進大老策劃下，連宋參選正副總統已成定局，蕭此時可說已是四面楚歌，因之蕭竟于本（九十二）年五月二十四日應允爲民進黨之現任總統陳水扁之首席經濟顧問，明眼盡知，此又爲陳水扁之選舉花招，蕭不但不先徵求黨主席同意，而擅自與陳水扁召開記者會，坐陳水扁左側，若投靠以詔天下之勢，且洋洋自得。要知民進黨執政三年以來，陳水扁形同封建皇帝，任性而爲，弄得治安惡劣，經濟日衰，尤其其黨內稍具才識之輩，均難與陳共事，三年中曾換三位行政院長，三位財長，乃最惡劣之政情。目前由于 SARS 流行，政府之主要負責衛生署長毫無作爲，弄得人心惶惶，筆者月前已填有詞賦有詩，可觀大概，此處不贅。而蕭明知陳不相信任何人，即如連宋二人亦均曾受其愚弄，此時蕭竟誑稱其爲國家所造就之人才，應爲國家效力，而毅然投靠陳水扁，棄國民黨主席顏面而不顧，且又言永爲國民黨員，絕不退黨，此乃毫無章法。試問將來選舉總統時，你將爲誰助選？復觀三年前即召開全國振興經濟會議，衆人皆知陳水扁從未執行，蕭不自問，有何能力使陳聽其所言？筆者看來，殊屬做夢，何況民進黨內此時雜聲四起，此名爲顧問實際乃選舉之花招，將經濟蕭條推到蕭之身上，半年後選舉時，陳可說蕭無能，不能怪他之好藉口，蕭在此種情況之下，猶如飛蛾撲火，自毀政治生涯，其才智之低微，不勝唏噓。

三、上週三，五月二十八日，國民黨召開中常會，蕭仍照常出席且將其接受陳水扁之經濟首席顧問一事，作概略之報告，連戰主席能以寬容大肚，除說明同意蕭去協助陳水扁外，并申言要陳聽蕭之話極力振興經濟，不要再玩弄蕭於股掌之上，可說官冕堂皇。而黨副主席吳伯雄且發言贊美蕭之舉動，并申言蕭絕不會叛黨，尤有中委當面致送蕭一把玉壺，似在說明唐詩：「洛陽親友若相問，一片冰心在玉壺。」要其堅貞不搖，在電視畫面觀之，蕭當時坐立難安，面色青黃，此誠蕭李扁始料所未及，所以筆者在七絕四賦有「痛心共譜鷓鴣聲」之句，乃在告訴蕭此舉行不得也。〔鷓鴣鳴聲爲行不得也哥哥。〕

九十二年六月四日

癸未端節悼屈原

其一

汨羅碧水日悠悠，悼念英靈迄未休，楚邑君王稚氣甚，忠奸莫辨傳千秋。

其二

離騷一闕報君恩，自古忠臣有諫言，奸佞由來多詭計，可憐屈子永含冤。

詠陳總統掃黑金

其一

水扁揚言掃黑金，動搖國本也要鍼，太公圖利乾坤大，小李專權天下欽，

福助失寵犴獄寄，蕙珍舉弊禍先臨，拉法葉艦如沉海，新瑞都圾似蔽霧。

其二

無法無天似帝秦，獨裁施政好愚民，案情未審先決定，爲所欲爲堪絕塵。

其三

司法爲尊叫響天，政權到手豈其然，我行我素誰敢問，志在排他不必箋。

其四

泰英爲主激貪錢，檢調形同坐刺氈，上意揣摩誠最苦，憲章今日已明蠲。

詠民進黨欲利用公投達成九十三年總統勝選　九十二年六月二十六日

其一

禍國殃民稱一流，爲求勝選辦公投，炎黃裔冑何命賤，任聽天狼到處蹂。

其二

核四公投鬧有年，翻來覆去亂中天，今時運用選總統，志在良民上賊船。

詠民進黨欲利用公投加入 WHO

九十二年六月二十六日

無爭茲事辦公投，顛倒是非春作秋，緣木求魚豈可得，中華兒女盡蒙羞。

詠台灣統獨問題

九十二年六月二十六日

統獨一事困台灣，解決良方莫等閒，黨派紛爭先妥協，何愁不入玉門關。

註：一、月來執政之民進黨欲掩蓋三年多來毫無政績可言，尤其是不到十個月之久，就要再選總統，爲轉移視線，先將無政績之事轉爲在野黨扯後腿不配合，將責任推到在野黨身上，同時又串同李登輝之忠僕台聯黨聯名要求立法院召開臨時會議通過振興經濟六法，顯示其對民眾負責，以爭取民眾信任，其不知就裏之人，則認爲是實情所在，然要知振興經濟早在兩年多前，即已召開振興會議，決議有案，而執政黨未執行一件，尤其是自三月起，台灣 SARS 疫疾流行，立法院爲治 SARS，已通過新台幣壹千參百餘億爲振興經濟在案，既然有錢又有案，何須再加開臨時會議來議振興六案，此分明顯示民進黨無能治國，無人可用，故不得不轉移目標，將無能無政績之事隨之遺忘。惟此計已給在野黨及媒體識破，故又使用公投法寶來作掩護。

二、執政黨認爲擬訂公投法請立法院通過不易，乃以行政命令宣佈公投要點，原決定是併總統選舉進行，以紊淆選民在投票時之錯覺而獲得意外之選票，達成勝選。

在野之國親兩黨則識破民進黨之技倆，此舉非但違憲且亦難以奏功，乃不加反對，以免落入統獨之爭，而利民進黨謂在野黨不愛台之藉口，諒爲民進黨始料未及。未料美國在台之負責人包道格竟申言反對台灣進行公投，陳水扁總統尚對外稱，係包道格個人言論，不足爲信，未料美國國務院發言人近日曾兩度申言希望台灣公投要慎重其事，以免影響台海和平，就外交辭令言，此就是反對，執政黨人員則說美國並未反對公投，并稱公投不涉統獨，不致影響台海和平。然美國政府則認爲陳總統言行不一，不足爲信，如此一來，且觀民進黨如何因應，蓋就此不辦，則有辱國格，倘繼續強硬進行不但失去美國支持，萬一引起戰爭，陳水扁則將成爲歷史罪人，此真所謂玩火自焚，但台灣人民亦將成爲陪葬品，堪憂堪憂。

三、再談民進黨申言要進行公投之事，一爲要參加世界衛生組織〔即 WHO〕，依個人觀察，參加世衛一事，在台兩千三百萬人，將無一人反對，惟即使全部通過，世衛不同意，則仍屬枉然，蓋參加世衛必須是聯合國成員，台灣既非聯合國成員，則毫無加入希望，此種公投是毫無意義，白白浪費人力物力，未知民進黨是何用意，除說明爲選舉轉移視聽外，再也說不出理由。其次，要公投者，乃核四應否再興建，此舉則更顯得荒唐至極，蓋核四之興建，乃十餘年前國民黨執政時，經立法院通過之政策，兩年多前民進黨上台執政時，即擅自宣佈停建，後因外商之壓力，又恢復興建，但賠償外商等之損失，則高達台幣參千餘億元，今核四即將完成，若公投同意毀棄，非但台灣無法供應工業用電，即一般用電亦成問題，尤其是政府損失以兆計之台幣，以及核一、核二、核三又如何因應，由此證明主政人幼稚至極，能不令人浩嘆！所以筆者在詩句中有「炎黃裔冑何命賤」以及「緣木求魚豈可得」「中華兒女盡蒙羞」等句也。

詠花蓮縣長補選三參選人

民九十二年七月十四日

其一　謝深山

自古奸雄詭計多，花蓮補選須知儺，國親兩黨無新策，莫望班師奏凱歌。

其二　吳國棟

一身罪孽求王侯，異想天開石點頭，圖利他人太現眼，徒留污衊傳今秋。

其三　游盈隆

此翻選舉賴權謀，國棟應聲助我猷，檢調衡情若施壓，花東豈有不封侯。

註：一、國民黨原任花蓮縣長因病逝世，按規定須要補選，國民黨仍按以往慣例，由中央指派曾任行政院秘書長之老黨員謝深山參選，引起國親兩黨基層不滿，尤其是曾擔任花蓮縣長國民黨之吳國棟雖因貪污有案在身，仍堅持參選，蓋吳既有待罪入獄之嫌，又何來如許參選經費，難免不令人懷疑權謀所致。

二、民進黨原本已無人參選，乃利用分化手段極力煽動原縣長遺孀代其參選，詎料事與願違，在迫不得已之情形下，乃由其所謂凱達格蘭學校副校長游盈隆出馬，惟游員曾在花蓮三度參選失敗，且曾對花蓮居民出言不遜，但仍敢厚顏參選，顯見非利用吳國棟掠奪謝深山之選票不以爲功，吳員在權謀之下，則非參選到底，否則難以保身，若檢調再行施壓，游員出頭則事在必然，因此特分賦七絕一首如前以預測之。

炎夏

民九十二年七月十八日

其一

無風無雨三伏天，心火如焚似湧泉，鵪鶉鵁鶄隈渚柳，胡蜂蛺蝶凌江煙，
幽蘭瑞草芳華盡，燕語鶯歌勝斷絃，隱遯寒螿阡陌泣，青山綠水繫心田。

其二

鳥語花香頓失蹤，天蛾蛺蝶戀青筇，炎陽竟日烈如火，鉤出時人憔悴容。

註：九十二年台灣台北地區雖在梅雨季節，仍然稀雨，形同空梅，迨至國曆七月上旬始有數日午後雷雨交加之情形，迨至七月中旬（七月十六日）初伏前後，台北地區炎陽高照，晴空萬里，北市最高氣溫竟達攝氏三十七點八度，且連日均超過三十六度，由于紫外線均爲危險値，人民多不敢外出，即使筆者居住在郊區，日夜亦均在攝氏三十度以上，可稱之熱浪燻人矣，爲歷年所少見，故不得不開冷氣驅熱，特賦詩如上以誌。

詠教改倡台灣文化

民九十二年七月二十六日

其一　教改

教改如絲治益棼，昏君執事似獾獖，哀哉學子成時祭，寶島今人不勝慬。

其二　教改

教改荒唐急就章，不諳大計費思量，胡編亂湊成讀本，學子經師暗自傷。

其三　台灣文化

文化傳承政教原，離經叛道似曹袁，自來生物皆求種，豈是痴人可斬根。

其四　台灣文化

孳衍生民必問根，台澎文化自中原，離宗叛祖毫無益，何況長流固血源。

註：台灣教育自十餘年前，李前總統登輝執政之時，由于其主張台獨，特以高薪禮聘台灣留美學人，已取得美國籍而又獲得諾貝爾化學獎之李遠哲博士返國任中央研究院院長，並授以台灣本土文化爲中心之教改召集人，按台灣本無文化可言，其所有謂文化者，乃中華文化是也，因此欲去中華文化而專創台灣文化，殊乃緣木求魚，何況李遠哲先生所學乃化學範疇，對政治教育，經濟外交等等，在筆者眼中，其能力尚不及高中程度，要其統領教育專家，猶如牧童治國，筆者次子夫婦均爲化學超博士，筆者曾對渠等爲人處世，僅許以初中程度而已，李遠哲先生以六七分之才能，任十分

才能工作，非僅堪憐亦復同情，因之十餘年來，學子教育問題百出，尤其是三年前，台灣政黨輪替，由僅當過一任台北市長之律師陳水扁，在李登輝權謀之下成爲中華民國總統，因其僅識律師詭辯之才，其餘可說缺如，因之弄得國是日非，更何僅及教育而已，自前兩年起，台灣中小學課本，政府竟責由民間編纂，版本繁多外，且內容亦多不符事實，甚至文不對題，扞格不通，弄得學子莫衷一是。尤其是小學生除須學習中英文之外，尚須學習閩南語、客家話，山地話，弄得兒童不知其爲何許人，更無從學起、學得。其更荒唐者，在三年之內，竟准許成立大學專科一百三十餘所，及廢除最公平之聯考，而採保舉，以及學費不斷調高，使學子家長怨聲載道。但陳水扁總統竟在電視台上，稱讚教改十分成功。迨至七月中旬，台澎金馬地區各國立私立大學校長教師三千多人具名提出十二大訴求請重視教改之弊，我主政之最高當局陳總統則又改口，謂教改責任前政府國民黨應負十分之七責任，現政府祇負責十分之三，此種推諉狡辯，令人十分不齒。

詠李登輝陳水扁朋比爲奸不擇手段以求陳連任李免災

其一

無法無天猖政權，花招百出達峰巔，人君恣意嘆觀止，似鬼如妖舉世鮮。

其二

興票風煙又再燃，浪人楚子怨難箋，奈何曩昔貪婪甚，以致而今死絞纏。

其三

爲求勝選效閻羅，弄鬼裝神做惡魔，顛倒是非論法理，人間無處不悲歌。

其四

國安密帳弊紛陳，檢調無人敢問津，司法公然還說謊，誰來仗義保烝民。

其五

獨裁爲政民多殃，宵小強梁遍八荒，國譽家聲同掃地，蒼生那有不心傷。

註：一、民進黨從十年前即勾結隱藏于國民黨中之日本人且又兩度參加共產黨之奸人前總統，兼國民黨主席之李登輝利用其主席身份分化國民黨之菁英，不准連戰與宋楚瑜參選總統，宋楚瑜則在情勢逼迫之下，乃脫黨參選，因宋楚瑜獲得民眾之支持，李登輝看情勢不妙，乃名爲連戰輔選，實則輔選民進黨之陳水扁，再利用其交辦之興票案全部推給宋楚瑜，謂宋楚瑜擅權貪污，告進法院，爲求宋楚瑜落選，并動用其總統身份指示檢調財經部門，徹底清查興票案帳目，結果法院在選後宣佈無罪不起訴，雖然宋楚瑜獲得洗刷清白，亦不無僥倖矣，而獲得安慰。但因此影響民心，與當選之陳水扁相差三十餘萬票落選（當選票爲四百九十餘萬票）。國民黨基層黨員則群起要求開除李登輝黨籍。李雖已耄耋之年，仍具有日本人之武士道精神與共產黨之鬥爭方法，再將以往爲其賣命之死忠，組織台聯黨，復明目張膽支持陳水扁從政，暗中仍不斷分化國民黨重要幹部，如蕭萬長任陳總統首席經濟顧問，王金平與國民黨保持距離，

與民進黨保持中立，使國民黨新選出之黨主席連戰無法有所作為，再利用其仍埋藏于國民黨中之中下層黨員，以本土性之口號再從事黨員分化，以限連主席于兩難之間，此完全是列寧作法（聯合次要敵人打擊主要敵人），何況仍有部份為其以往之死忠，再商請陳水扁利用司法以耳語、說謊、造謠，如李登輝說了一百多次他不是台獨份子，而今竟是台獨之首腦，其不是共產黨，今有案證明他先後兩度加入共產黨，各電台均有報導，而陳水扁則將原宣佈之四不一沒有完全成為對外國人之口號，對內則附李登輝而行台獨之作為。先宣佈不聽其擺佈之人有罪，如前立委羅福助、花蓮之吳國棟、高雄之朱安雄、興票之宋楚瑜等等。此種作法，在今日智識爆炸之台灣，除對農村知識較低之村夫農婦及尚未成年之學子，略有效用，凡稍懂政治常識之輩，均無效用矣。

二、明（九十三）年三月又將舉行中華民國第十一任總統選舉。由于陳水扁才智平庸，三年多來毫無政績可言，李登輝亦曾于數月前在電視上聲言陳水扁只會選舉，不會治國。更因國親兩黨結盟共同推由連戰與宋楚瑜參選二00四年中華民國總統，李登輝有鑒于此，認為是國民黨死灰復燃，認陳水扁絕非連宋對手，李登輝由于國安密帳纏身，如陳水扁以其總統權，指揮查辦，李登輝則必將入獄，李登輝為討好陳水扁，曾于本（九十二）年八月間在三天之內先後會面五次。（電視台均有報導）賡即由李登輝在興票案毫無新證據之下，以原告人改為證人，請台北地檢處重訴（因原案已判定不起訴），陳水扁竟指示檢察長調派五位檢察官追辦，意在如何推翻前案，如何羈押宋楚瑜，而使連宋無法參選，已昭然若揭。但檢調仍不敢以偵字案分辦，李登輝看此計似難奏效，故又利用民眾盲從習性，發動所謂台灣正名運動，並宣稱其曾擔任十二年之中華民國總統之中華民國已早不存在，以尋求中華人民共和國之支持（因瓦解中國國民黨，消滅中華民國乃中共五十餘年來之一貫政策，李曾兩度參加共產黨，故深知中共心意。），若依上述，當可作合理之懷疑，即十餘年前李登輝尚任中華民國總統時，曾派其親信蘇志誠赴中國大陸密與中共主政者議定，李答應中共在瓦解國民黨及消滅中華民國之國號後，則准李在台成立台灣共和國。但中共發現李之為人奸詐至極，而國際形勢丕變，（中共已成為世界三強之一），不再承認台灣獨立，因此，李登輝死不甘心為中共利用，故利用陳水扁作幌子，聯合原為台獨主張份子如彭明敏、呂秀蓮、金美齡、辜寬敏等人，而成為台獨之領導者，而與中共抗衡，此種作法，則在將台灣二千三百餘萬人，推入死亡之淵，蓋李自己除有一女外，已無子嗣，所以他口稱要別人不怕犧牲性命保台灣。昨（十一月一日）李見陳連任困難重重，故再在電視記者訪問時，聲言如陳落選，他即逃居國外，此更證明其居心叵測，毫無人性之一面，但其目的是在為陳水扁爭取選票，惟一般選民是否會中其詭計，堪疑？

三、陳水扁雖係台灣土生土長，對共產黨徒之作法，知之甚微，但其為人奸詐，則不亞於李登輝，由于民進黨之黨章即係主張台灣獨立，所以他在接任中華民國第十任總統宣誓時，為騙一般民眾，故宣佈四不一沒有，四不，即不改國號、不改國旗，不辦公投，不撤銷國統會，不制新憲等等，其目的則在獲得美國支持。但三年多以來，因在國政上毫無政績，尤其經濟蕭條，民不聊生，失業人口原百分之三增為百分之五。因失業而致無法生活之人口（含家屬）達數百萬人之眾，因之竊盜、鬥毆、詐騙、殺人、自殺層出不窮，尤其放火洩憤不斷，弄得消防人員疲於奔命，更為可嘆可怕。陳水扁為求激怒中共，先喊一邊一國再喊公投進入世衛，再配合李登輝聲稱二○○八年在中共辦世運時宣佈獨立之想法，乃命其恩師李鴻禧負責制定台灣新憲法，于二○○六年實施，并申言不受四不一沒有之限。同時由李登輝所聘請中央研究院院長之李遠哲（在二○○○年為陳水扁助選）上（九十一）年因見陳水扁主政三年毫無政績可言，乃厚顏鮮恥在記者訪問時，聲稱選舉所許諾之言，并不需要實踐，一個拿諾貝爾化學獎之院長，竟說出如此不當之言，一個三歲孩童都知說話要算數，不能騙人。不知廉恥之人從政，實不勝浩歎，有感今時人之人性何在？

四、由于李登輝、李鴻禧、李遠哲三李之朋比為奸，助長陳水扁之氣燄，因此陳水扁有恃無恐。拿人民完稅之錢到美國訪問，席開百餘桌，假領取人權獎之名，公然邀請美國會議員，以及軍火商人同席，此種全世界各國都不贊同主政者與商人聚會，以避免勾結嫌疑，陳竟敢我行我素，毫無顧忌，實令人咋舌。所以筆者所賦之詩第一句則曰：「無法無天猖政權」，而陳水扁在餐會中演講時更說出台灣何以要制憲與公投，而又以美國南北戰爭為例，此證明其奸滑至極。

五、讀者若看完以上註明，則對所賦七絕必能完全通曉。至于浪人楚子，讀者一猜便知，不必明說矣。

新店市耕莘醫院病中詠

其一

八四耄年習用九，六龍嘻戲紅塵遊，胸羅錦繡乾坤大，賞盡物華萬事幽。

其二

養病延年習已常，心中寬敞是良方，人生耄耋殊非易，萬事承天樂未央。

註：民九十二年十一月十四日因氣喘，進而咳嗽不止，曾向榮總申請住院治療，久等不到病床，不得已乃向新店市耕莘醫院請求自費住院，經治療，咳嗽已癒，即出院。不料返家後，忽覺全身疼痛，復又自費住入台北榮總治療，經檢查乃消化系統潰瘍，因住院費用太高，故不得不要求帶藥出院，在家療養。特將前在耕莘醫院所詠之詩加以整理如右。

新春病榻吟唱

民九十三年新正初七

寒風細雨鬧新年，馬義思宗路幾千，家住台澎鄰海澨，心隨電訊到天邊，病中綴句總多怨，窗外花枝對愁眠，但願吉星能早到，胸身舒暢樂焉然。

註：「馬義」「思宗」乃順初家鄉地名。

詠執政當局無意義之公投

民九十三年二月八日

其一

病國病民暗自傷，祇緣主政效秦皇，楚歌四面外交際，無數哀黎淚兩行。

其二

公投選舉紊淆投，如此作爲似鼠偷，不顧民情姑一擲，何殊赤壁曹兵愁。

其三

不具公投硬亂投，愚民祇在自爲謀，橫行霸道殊堪惡，奸宄如麻不勝憂。

其四

無法無天何日休，公投主旨弗知由，澤東再世烝黎苦，祇盼黃河澄早流。

詠人民聚集總統府前大道請願

民九十三年三月二十四日于病中

淒風苦雨問當今，君王殿前萃止因，大選莫非真有弊，一時難對怨黎忱。

貳、詞

沁園春　和毛澤東沁園春—雪、原玉兼悼世情

九十一年五月

諸夏風光，曩昔雖封，美景自飄。看江山織錦，強梁莽莽。人文代出，眾口滔滔。淵谷精蛇，誠心吞象，欲與君王慶比高。烽煙日，藉佯裝革裹，顯示妖嬈。豪雄帥氣添嬌，憾無數生靈悉折腰。嘆英雄志士，自私藏拙，富豪大賈，盡棄風騷。再有何驕，逸仙中正，不敵陰梟聯怪鵰。斯已矣，願高風人杰，重現明朝。

沁園春　陳新嘉兄和天均沁園春—悼世情

歲月無情，寂寞山阪，落葉亂飄。悶淡淡千嘔，涼涼親厚，黨同伐異，不葩而滔。台獨神牌，民主進步，欲與中美互比高。而今是，嘆光陰荏苒，景物妖嬈。心焦無限羞嬌。又豈料貲財纏此腰。幸舊家台榭，故鄉遊子，非維我老，更有人凋。微風漸緊，清霜未落，細雨斜風濕翠鵰。如人願，正珠簾低掩，玉面輕朝。

沁園春　雪　毛澤東原詠

原載毛澤東詩詞全集

北國風光，千里冰封，萬里雪飄。望長城內外，惟餘莽莽。大河上下，頓失滔滔。山舞銀蛇，原馳蠟象，欲與天公試比高。須晴日，看紅裝素裹，分外妖嬈。江山如此

多嬌，引無數英雄競折腰。惜秦皇漢武，略輸文采，唐宗宋祖，稍遜風騷。一代天驕，成吉思汗，只識彎弓射大鵰。俱往矣，數風流人物，還看今朝。

沁園春　雪　毛澤東原詠

一般圖書館及書肆所流傳者

北國風光，千里冰封，萬里雪飄。望長城內外，惟餘莽莽。大河上下，盡是滔滔。山舞銀蛇，原馳蠟象，欲與天公共比高。須晴日，看紅粧素裹，分外妖嬈。江山如此多嬌，引無數英雄盡折腰。惜秦皇漢武，略輸文采，唐宗宋祖，稍遜風騷。一代天驕，成吉思汗，只識彎弓射大鵰。俱往矣，數風流人物，還看今朝。

沁園春　雪　毛澤東手稿真跡墨寶

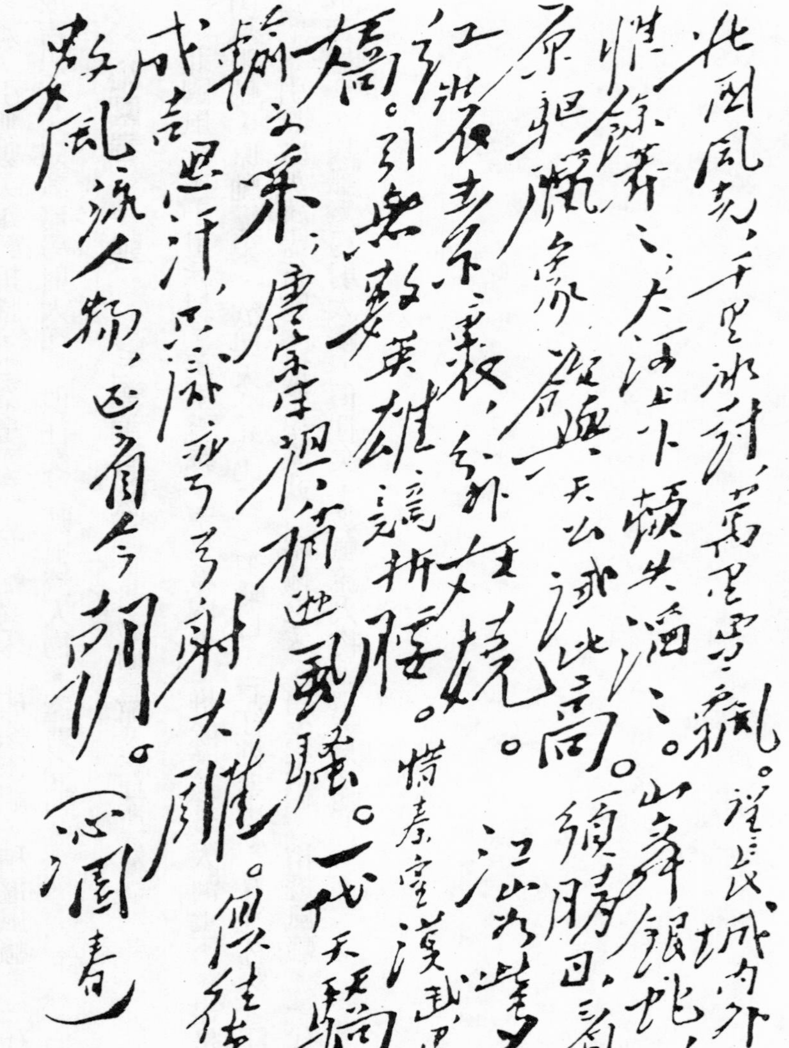
北國風光，千里冰封，萬里雪飄。望長城內外，惟餘莽莽，大河上下，頓失滔滔。山舞銀蛇，原驅蠟象，欲與天公試比高。須晴日，看紅裝素裹，分外妖嬈。江山如此多嬌，引無數英雄競折腰。惜秦皇漢武，略輸文采，唐宗宋祖，稍遜風騷。一代天驕，成吉思汗，只識彎弓射大雕。俱往矣，數風流人物，還看今朝。（沁園春）

〈沁園春·雪〉手稿

臨江仙 論學 和斌兄感懷原玉

文化傳承千古事，言功在啓童蒙，人師箋道貴旁通，瑤光垂久遠，不眘一時紅。綺麗韶華如逝水，賞心悅目乘風，詩歌韻味永無窮，浩繁人海裏，閑習樂天中。

臨江仙 感懷 閱楊老師初學做詩有成 斌初

佳句瑤章方細讀，詩思感到昏蒙，推敲聲韻漸亨通，青山依舊在，沐淂夕陽紅。白髮無憑人已老，不談秋月春風，一壺濁酒醉矇矓，此生猶似夢，心迷草堂中。

滿江紅 台灣 SARS 猖獗

九十二年五月三日

膽顫心驚，愁腸悸，高風泯沒，深太息，仰天長嘯，景行駑劣，多少勳勞成糞土，萬千怨懟誰能蔑？錯失機，病菌已猖狂，難消滅，懦夫恥，亟待雪，須振作，時闗切，盼芳鄰上國，協尋癥結，奮志忠貞驅孽障，精誠竭智昌人傑，企高官，明快策良方，莫空說。

註：台灣自四月上旬發現台北和平醫院有人感染 SARS 病例後，台北市衛生局局長邱淑媞向中央反映，行政院衛生署署長涂醒哲竟以邱局長過份緊張相對，台北市祇得自行採取適當之防範措施，嗣又不斷發現病患，行政院竟仍不理不睬，後在國家負

責主政人之指示下，行政院始召開防疫會議，方採取和平醫院封院與隔離病患作法，唯事已悔之晚矣。因而病菌到處漫延，繼則有仁濟醫院及中興醫院相繼封院，而病患則不斷增加，且死亡亦有八人，而疑是病例則高達數百之眾，目前已遍及台灣西海岸各重要城市，弄得居民人心惶惶，不敢外出，經濟蕭條，生意清淡，令人不勝浩歎唏噓，我主政者如此昏庸無能，未知將人民帶之胡底，何啻仰天長嘯，真是有哭無淚矣，爲抒心聲，特填滿江紅一闋以誌。

西江月　臺澎煞士漫延

九十二年五月二十二日

煞士方興未艾，喧囂憤怨騰空，今人驚畏窒心中，可嘆昏君倥侗，束手不知所措，有如瘖啞矇矓，蘇仙醫道再神通，難化兆民幽夢。

註：一、作者選用西江月詞牌塡詞之含義，是根據李白之蘇台覽古詩：「只今惟有西江月，曾照吳王宮裏人」之句，作者認爲李白當時賦出如此之句，乃在懷念既往而有今不如古之感，作者選此詞牌，則確實在懷念臺灣在兩蔣時代之昇平盛世，到李扁主政之不治亂世，而有人事全非之感，故選西江月詞牌而據現實塡詞。

二、臺澎金馬地區 SARS 十分猖獗，令人非但憂心忡忡，且確實感到人人自危，據昨（五月二十一日）台北市公佈一天之內即有六十四人疑似感染，而衛生署公佈死亡人數已達五十三之多，全臺疑似人數一千餘人，尤以凡染患其他疾病者，竟無醫院可爲之診治，因之世界衛生組織評臺灣爲全世界最惡劣之疫區，試問如此情形有誰還能安心生活，而不惶惶不可終日也。我最高主政之總統，鑒于負責之衛生署長無能，上週即將署長涂醒哲撤換，以中研院之研究員陳建仁接替，次日卻又派陳赴日內瓦參加世界衛生組織會議，先不問有無成效，新任署長竟置國內疫情不理，即是反本逐末之舉，令人十分驚訝，而更爲怪異者，我最高主政之總統，在就任滿三週年之日（五月二十日）對全國之疫情視若無睹，聽若枉聞，置人民之生死不顧，而去安養院作義工，如此作秀，如此無知無能，令人不勝浩歎，若真要表示與民同甘苦，何以不去查詢醫院治病實情，爲醫院排困解難，此亦爲作者填西江月之要義。

三、詞句釋義：SARS，作者自行譯爲「煞士」。「倥侗」作無知解，無知則束手無策而無能。「蘇仙」是指漢文帝時桂陽人，蘇仙公于得道將仙去時，告其母曰：「明年天下疾疫，庭中井水，簷邊橘樹，可以代養，取井水一升，橘葉一枝，可療一人。」至期果有疫疾，其母如言療人皆癒，此即橘井讚良醫之故事。作者詞中之意，是在說主政之人無能，即使有蘇仙公之良醫，亦難化解人民于水深火熱之惡夢（幽當黑暗解）。

鷓鴣天　親民黨立委高明見出席馬來西亞治SARS會議

陷阱鮮明不避嫌，蒼生是念欠前瞻，最憐誤入奸雄計，懵懂痴獃尚自忺，求好夢，夢難覘，一絲霉味滿身黏，而今追悔毫無益，莫若研機四美兼。

註：一、台灣自本（九十二）年三月發生 SARS 疫疾起，由于執政當局束手無策，以致死亡人數高達八十餘眾，執政黨似有意製造疫疾流行藉口，欲加入世界衛生組織求助，但為日內瓦總部所拒，其理由乃台灣非獨立國家，世界認係為中國之一省，因之執政之民進黨藉口諉言係中國大陸所阻撓，非但得不到世衛同情，反弄得國人惶惶不可終日，因而疾病管制局局長蘇益仁在日內瓦揚言，即使不以台灣代表名稱，爾後也要參加會議。

二、九十二年六月中旬世衛組織決定在馬來西亞舉行抗 SARS 檢討會議，六月十二日外交部通知親民黨立委高明見出席會前會議，結果又通知改期。高委員發現出席通知單將出席人員列為中華人民共和國代表之內，乃去函外交部請求更正，外交部則轉由衛生署作答，結果并未獲得世衛同意，外交部非但不將情形告知高明見委員，且僅通知疾病管制局長蘇益仁與何美鄉等四人前往馬來西亞出席會議，高委員則以醫生救人之仁心，仍然自行前往，且進入會場後，曾查過出席簽到簿，蘇益仁、何美鄉等四人均仍列為中華人民共和國出席人員之席次內，則滿以為疫疾以濟世救人為目的，不疑有他。未料尚未返國，即遭執政之民進黨串同台聯黨人員動用政府資源發動群眾，高喊高委員係中國大陸所推派，其出席係賣台行為，向親民黨高雄市黨部抗議，進而推到親民黨主席宋楚瑜身上，謊稱宋串同賣台，藉以打擊連戰、宋楚瑜參選總統、副總統，弄得人心沸騰，據東森新聞台報導，聯合報所做民調，一下子陳水扁即竄升超過連宋之民調，而疾管局長蘇益仁在會場非但未發一言，且向大陸之代表卑躬屈膝表情，有報爲證，反不追究，如此真所謂做賊喊抓賊，要知蘇益仁乃中華民國疾病管制局長，如此喪失國格，反而無事，殊令人生疑。

三、事後經各方查證，發覺外交部所通知出席人與高明見委員所持之通知單，均係日內瓦世衛所發，完全一樣，外交部何以如此做法，不但親民黨召開記者會質疑，且親民黨立委又陪同高委員逕見立院王院長金平請主持公道，不料衛生署之疾病管制局長，因鑒于形勢不利，於六月二十日竟又公開申言，此事不必看得太嚴重，一個政府官員如此愚弄人民，實不勝浩嘆之至。

玉漏遲　民進黨倡台獨大選後感懷

台灣歸路杳，閩南最羨，人文嬌嬈，少數高官，未經細思狂擾，只見麒麟閣裏，竟不與高門同調，堪暗笑，横行霸道，逞強吟嘯，吵雜號鬧群情，嘆歲月悠悠，驚恐年少，志在千秋，此事一時難了，四顧悲聲夜雨，繫國是，難言辛勞，心志表，豈會自尋煩惱。

註：一、台灣十一屆總統選舉不公平，民眾數萬人聚集總統府前大道已五日未散。

二、聚集群眾原多係國親支持者，日來已有學子放學後及軍人脫去服裝攜家參加靜坐。

三、陳水扁搞台獨。

更漏子　台灣第十一屆總統選舉陳水扁連任感懷

設計長，作業細，大選弊聲四起，播耳語，傳槍聲，有人傷送醫，時經夜，疑多假，惆悵民眾放話，重驗票，檢真身，以平黎庶氤。

參、聯語

賀鄧文仕先生長公子鄧英豪與張青華小姐結婚喜聯

英明遴佳耦，青鶴願作比翼鳥。
豪士締良緣，華簪肯爲連理枝。

賀張德行賢表弟花甲雙壽誌慶

德風振天昌百世
行雲流水樂千秋

賀中華易學研究會李常務理事宋恭喬遷之喜

宋儒燕喜瞻大壯
恭己鶯遷煥中孚

方圓同道以其家鄉鄉名「江下」出上聯求對，茲對答如后

江水長流，不捨晝夜。
下泉永育，須分陰晴。

復連宋兩主席賀年卡特擬附春聯

連珠砲響除舊歲，水去瑛瑜瞻指日。
戰鼓頻催迎新年，亡秦必楚看今朝。

悼昔日空軍同寅楊麟書輓聯

麟逝春秋傳永遠。
書成日月痛今朝。

悼中國國民黨中央評議委員會蔣宋主席美齡輓聯

美貫千秋，爲國爲民，禹甸排紛驅敵，功勳彪炳輝宇內，而今永垂不朽。
齡穿百載，助夫助子，台澎固土睦鄰，政績斐然耀天涯，爾後久遠流芳。

註：蔣宋美齡乃先總統蔣公夫人，于中華民國九十二（二〇〇三）年十月二十三日仙逝于北美紐約寓所，享年一百零六歲，其豐功偉績，舉世有目共睹，勿庸贅述，順初深感夫人非但對中華民國貢獻至偉，且對世界人類之福祉亦貢獻良多，歐美各國無不口碑，堪稱千百年來我中華女中豪傑之最，因此順初以老黨員身份，不揣冒昧撰此輓聯，以示哀悼之忱。又聯中所稱「排紛」係指西安事變，夫人冒險親訪張學良。

肆、誄文

祭胞兄斌初祭文

維

中華民國九十二（公元二〇〇三）年，歲次癸未農曆正月初九日驚悉胞兄鄒公斌初大人仙逝于梓里，定于正月十五日殯葬於家鄉塘邊沖鄒家祖山之陽，弟順初因旅居海外，復因年老身染多種痼疾，行走不便，不能親自返鄉奔喪，特遣長女佩秋謹具馨香酒肴之儀，致祭于我　兄靈前而泣訴曰：嗚呼！父母生我兄弟六人，長兄循初弱冠即逝，四弟六弟復因世亂先後身亡，今我　兄又驟然辭世，為弟悲傷之情，實莫可言狀矣。惟尚堪告慰于　兄之靈前者，乃吾　兄享年九旬，在我房五代之內無人可與　兄比擬，眼觀四代，子孫多能出眾，忠厚齊家，鄉里稱譽，尤以吾　兄自幼才華橫溢，為吾族之鳳毛麟角，為國效忠，鄉里無不稱讚，青少之年，即離鄉遠之贛南，追隨人傑經國先生，臥薪嚐膽，服務人群，尤以琢育英才，絕不後人，先是江西瑞昌中學主掌教務，并任青年團主任大責，繼則于衡陽成立青年中學，親任校長并兼教務，堪稱德業雙修，吾鄉無人出其右者。

而弟亦自幼離鄉背井，遠走天涯，半生戎馬，解甲之後，復為生計而奔波人海之中，奈何國事日非，國共相互排斥，以致親情隔離，不通音問長達四十餘載，迨至民七十六（一九八七）年兄弟始重聚于英租地香港，滿以爲自後應可對床夜雨，話盡辛酸，莫奈天不從人，無論是政治經濟乃至個人健康，無不受到限制，近年雖極力欲圖兄弟在有生之年重聚，奈何弟又遭逢莫大之地震天災，財物身心之受創，可說難以言表。兼之弟年邁百病叢生，行動不便，以致失之重聚，誠爲此生無法彌補之遺憾，曷勝惘然！今逢吾　兄仙逝，可說抱憾終生矣。尤以弟未能親視含歛致祭于靈前，愧何如耶！悲何如耶！痛何如耶！幸盼我　兄英靈有知，恕我諒我。嗚呼哀哉！

尙饗

丙　知音互唱魚雁情

壹、作者胞兄斌初親筆函

三弟、蘋雯：

自去年地震，我曾去衡市，你女也不知你住宅，曾接五弟来电，也不知你所止，今年他女告佩秋，知你在台北大女儿家。今日接信，方知你得政府优贷买屋一栋，已有住宅。天佑吉人，不遇地震灾难，仍得安居所，额首以庆。

我身体好，咳嗽常为老疾，余无他故，我家也好，子孙均归拜年。此请

年禧、

斌兄启复

2.13

今年你八十大寿，白头可以出刊否，我无以为寿，实深惭愧！

如果细绣，出副对联，再加以寿字你须意畅，我同五弟佩秋来办。

三弟三妹：

我过了生就有八十八岁了，活到八八岁还有命，也不自喜也不顾，说是贱而生怪，不过我没有死告诉你，你或者喜或者怪。我昨日接到你二封信，今日花一天时间，回你的信，还是去年四月你来信，一并作回。易学研究月刊你有大作，我尚未读之。你生年逢辰感怀七律两首、七绝六读了后，写原韵奉和如下：人间无处友谊深，但天天形伴神，望是日非心耿耿，多思不已念故乡之家山，老朋僅存几，何里故知却似轮，难得同仁情义好，开筵饱食祝长春。二、多少年华似水流，人间苦苦总悠悠，贱伤疾病劳苦，又恶才疏性懒盖，鹏飞万里翅须大，燕处梁栋作醉乡，家四海男儿惯，何必常留自幽。

三两袖清风去不空，兄弟奔走自西东，生长处处是春日，心梦游之一贯中。回头过一般是苦，愁結不断总多困，老人寂寞甘苦味，思贤古今自有論。我現在生活好，老人不是這里病就是那里病，自有各种疾病折磨，我也在折磨中过来，知道你們的病痛，莫想有远走高飞，可憐你的困苦，我没有你的困苦可言，不說明也知道，且看我給你的賀生的詩：三月春光到处芳，门前又是紫荆香。阿兄八十高龄健，我弟八三耄耋行。安命祖宗常錫福，乐真天也耄阴阳，生来自有花红日，寿世寿人享寿康。

偶秋暫停祖父墳，祖母墳掃

清明时候寄我在那里察看，当然可以。我续成的回游廊倒了，对我的屋损失甚巨大。他们想修屋把土石墙全改为红石墙，只是口头说话，没有实行，我也不管。此致

春祺！

斌兄 手复

2002，三月廿五日

三弟、三嫂：

接你三月廿一日函，洋洋四頁，作了仔细谨慎，还是少年一样。虽有逆景，也困难不了你，你是千锤百炼出来的身子，若钢发于研制钱八七了，你还记得，耄耋的人，[illegible]望洋兴叹！

你倡修九成公考妣坟墓，有佩秋来家尽力，你可放心，我是足不良于行，做不了什么，只照办了。

修兴堂公坟，大二三五房无人查问，用水泥封坟不生草，没有不肯的。要他们出钱，就有话多了，

三嫂骨质增生，想可以诊好，我也骨质增生，每日打针服药，已好了些，是有效的。不要急，慢慢来，你的小女都好了，她是能够孝敬的。

（五弟昨来信，他已迁徙到沈阳市、铁

西區集賢小五路64樓5-4-3，這是他的子同媳工作地，原先是女的房子，總與某某鄉下的看法是有不同。

修墳了在清明前后可以成功吧，

此致

春祺！

斌兄手复、

三、廿四。

我生日禮款代你付我八百元人民幣

你快生日了，耄耋高龄，我无以为贺，偶想八句话致意！

百花直开艳阳天，我常此时开寿筵，
引领茫茫海外阔，凝思耿耿紫荆妍。
华封三祝和平日，诗颂九如开达年，
脉脉含情凭致意，迢迢远隔共婵娟。

偶成。

三弟文嬉：

易学研究月刊都收到了，因无具体事未回信，八九十岁的人没有回信，必无怀疑自生议论。

薛部長(?)曾到我家，问了你的通讯处，还查了谱，我不知用意，自有信给你。你的文集我未去衡，也未付，我有气喘，走动要人陪，不方便。

陈新嘉还好，你同他唱和，到底是乡親，

我校退休老师杨光秋寄了诗集来，大半时间阅读消遣，他六十学诗不忆有成，他纪念蔡锷将軍云：

义起滇池气似云，逆流难阻大江东，共和再造功无量，帝制专横梦已空。正赖栋梁支大厦，竟教朝野哭英雄。至今滚滚資江水，犹是声声赞蔡公。

我写"临江仙"答他：瑶华佳著方细读，诗思忽到启蒙，推敲声韵渐亨通。青山依旧在，几得夕阳红。白发无凭人已老，怕忆秋月春风。一壶浊酒来幽想：浮生诚似梦，都住旅館中"

天民在铁网写信来我未回信随他生议论吧，

你的文章发表在易学月刊很多，我都读了，觉得很惭

第　　頁

愧走门读书的没有成就，你的成就令人意想不到，我族读书时，你比陵笙啸梦不相上下，陵笙已死八十八才死！但我们天长地久，千里共婵娟。

此颂

秋安！

德兄　谨复

9，14

19

三弟、嫂：

接你十月七日来函，我在鄞东允武处，拖延时间作复迟早大概一样。

我回杨觉秋老师信中有临江仙一阕，偶一为之，劳你改正又示众雅，难为你了。该词改正我无意见。

前有二次大战怀忠怀赋诗，我亦凑意和四首。一、任性横行自必亡，中华抗战史犹香（长芳）。秦来否去终于了，赢得陶然乐未央。

二、窃国于今总算王，窃钩自古都遭殃。浮生人海终成梦，名利到头忙一场。

三、钟山风雨亦难忘，百战还来徒自伤。国乱家中多事故，人民哪个敢还乡。（土地改革）

四、少小离亲哪计乡，青年意气志轩昂。人生奋斗烟无数，纵有艰辛亦自尝。（新韵）

家乡亦好，我家上冬天的衣晚稻方收，现在

你田不要草不要躁，農夫懶惰也收獲，我可能到衡陽一行。此請

冬安！

鄒文海上

四、29.

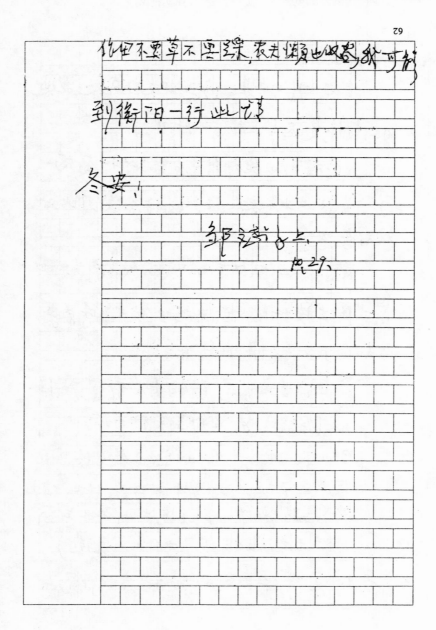

玉弟、玉嫂：

接湖南文獻，知前寄之函尚未收到，我讀了"人生劫難知多少"在家劫難發生，與一一能記。在外劫難發生，莫不驚心動魄，啼人見聞，你的生命完全在莫高老天照顧，詩云：時常病救只命。我是行拂亂其所為，增益其所不能也。

你應友人約淡江行，寫有七絕三首，我閒無事又寫三首，以博一笑。一、台灣放眼水連空，翠海雲山視一同，過中毛城懷古跡，登樓淡大愛精揮。二、忘怒難得淡江行，美景秋光似有神，一攬乾坤歸袖里，推敲文聲韻好詩情。三、巧奪天工似前似，潛行土里幻虛玄，實端料學實唯料，收拾乾坤一擔全。

佩秋同女兒來家，蛋糕麵包好吃也吃不完，王東林七十生日期十一月一日，我坐車不發生問題，可能到衡陽去，也要人陪我一道走。明年是亞生他自然也得請我去，運寄請不到也沒法。

此致

冬安！

斌初合愛 12.4.2002

兄弟重逢填
采桑子二闋

天涯海角三兄弟，我老何方，翅莫飛揚，幸霧林泉向夕陽。
花萼樓上塵朝夢，志也蒿勞，意亦淒涼，耿耿親情樂未央。

重逢似了浮生夢，歸棹遲遲，道又難為，盡我心田總得宜。
歸家本是家常飯，不吃懷飢，吃則如飴，自有情緣篤若詞。

貳、作者鄉兄陳新嘉親筆函

順初鄉兄道席：蟄居窮陋如坐井底，渺不知今為台獨之世矣。先後承贈易學研究及天均詩文集，愛不釋手，使我原來目昧而今更瞎矣。近來心臟尚未全癒，又定下月留再作核醫檢查作影進一步治療，修短有數，聽其自然。專頌

儷祺

弟 陳新嘉拜謝 五月廿五日

子允用箋

弔五二五華航空難

無才無德亂朝綱，人禍天災痛
國殤。尚獨尚權施詭戾，為私為
黨甚猖狂。飛機失事海洋赤，
旱魃成殃大地黃。萬頃波濤
血肉染，格魂淒魄莫傍徨。

順初鄉兄道席：新譜之沁園春，與毛詞相
媲美，弟因不擅填詞，趁此良機，就原韻學
步，藉悼世情再附后，希為斧正為禱！
歲月無情，寂寞山陬，落葉亂飄。閱淡淡
平怔，涼涼親厚，黨同伐異，不施而滔。又獨
神牌，民主進步，欲與中美互比高。而今是、
嘆光陰荏苒，景物妖嬈。……又豈料，貪財纏此
悟。事業家名樹，故鄉遊子，非維秋老，更有人
凋。微風漸緊，清霜未落，細雨斜風濕翠翹。如又
顧，正殘藻低捲，玉面輕朝。

新嘉未定 卌六、十二

順初兄道右：承擲下268期易研季刊，
捧讀之下，似懂非懂，徒呼奈何！承和七律，
另具隻眼，鏗鏘有聲，前學填之沁園春，
已足114字，其中不範而溜，是採用漢書敘
傳，溜之而不範兮之亂意，非惱也，天氣炎
熱，多祈珍攝，復頌
儷第
弟 陳新嘉 敬上 七月廿三日

子允用箋

順初兄：

手示敬悉，前接呈之沁園春，確係[illegible]，有一字，可能抄寫錯誤，為求慎重計，特再抄上一封，便知分曉。

蔣春達先生，[illegible]不知其人，鄭文耀兄先生之長公子，我雖見了幾次面，竟不知其名，他是堂兄陳齡[illegible]之女婿。他之長女鄭麗英和我是同班同學。弟十月以後賦歸，便告。順頌

儷祺

陳新嘉上　七月卅日

20×20=400　月球牌

順初兄鑒：

現在証實第一次卅錦沁園春抄錯六個字、該罰該罵、新擬大作一邊、一國論七絕二首、確能一針見血、語奉和如次：

不學無文亂吹牛、一邊一國表神州、至今猶有狂奴態、開禍到臨頭滿面羞。

風雨飄飄不勝愁，斡旋英美偶

公投，人民期望勿輕負，三尺神

明在上頭。尚祈斧正，復頌

儷第

弟陳新嘉拜 八月十六日

[illegible]用箋

順初兄：
儕我倆聲氣相投，已不多見。我素不求甚解，出醜已是自家人，亦樂也。壽和七律及七絕，也未多加推敲，望斧正為感。復順
儷祺
弟陳新嘉拜 八月廿三日

于大用箋

奉和拓外文原玉

六代麗華使國亡、巫山夢裏草芬芳、西施亂汝漢琅邑、呂后專權害未央、湛妃帝遠寒將醫注、朱雀橋頭飛燕傷、韋莊題向太真切、寂寞莫愁永不忘。

山居

葉落清秋日正長、臨風獨立倚斜陽、花飄滿院無人掃、南北東西總是年、。

順初鄉兄道席：八月廿一日手書及詩均奉悉。近因籌理歸鄉定居手續、檢點行囊，可説極忙極煩、無心翻書作賦，容有餘暇，再行奉和。颱風過境、諸希珍衛，並頌
儷第
弟陳新嘉拜上 九月五日

子允用箋

參、作者答復知友函

繼顯理事長吾兄勳右：

關于學會房屋出售之事，因前請信義房屋劉小姐代辦不果，復經請太平洋房屋公司曾茂中先生逕與本會道長李宋恭會同勘查現場，曾接曾先生電話相告，願以壹百伍拾萬元簽約代售，因此于本月七日（星期日）曾親赴社教館擬面報吾　兄，未料當日吾　兄未去社教館，未料復接曾先生電話，以該公司店長認為房屋所在地目前價格十分不理想，若欲急售，最多祇能以壹百萬元委託，職是之故，弟乃告以待二月四日學會理監事會後，再將決定告知。

上週日（十四日）陳秘書長等來寒舍時，弟曾將上情相告，僉以價格過低，此時似不宜出售等情，特函奉聞。

茲者弟對論語之述作，現已完成，約五萬言左右，已影印一份交陳秘書長矣，弟因此擬將年來拙作彙集，命名為「天均詩文續集」，日前曾攜底稿請張老師過目，承蒙面允賜序，特影印續集前言附函，擬請吾　兄亦惠予賜序，藉為拙作增色為感。專此敬請并頌

春禧

特提早向

閤府拜年

弟
鄒順初　敬上
九十一年一月十八日

德忍賢弟惠鑒：

先後來函均誦悉，關於欲閱毛澤東先生所塡「沁園春—雪」詞一事，愚兄因獲閱該詞係十餘年前于美洛城一圖書館中，當時因未抄錄，亦僅記得其中幾句而已，故即轉請德行弟代爲蒐羅，日昨接其來函，并附該詞一闋，據告已另抄該詞函送　賢弟矣，諒早收到。

愚兄能復得閱該詞，曷勝感慨萬千，故步其原玉和塡一闋如后，希能加以指政，專此敬復并頌

潭祺

愚表姊夫
鄒順初　敬上
九十一年六月五日

註：所塡之詞已列入本文集詞類，不再重復。

新嘉鄉兄道鑒：

手書及大作均拜讀，謹奉復如后：

一、沁園春全詞，依白香山詞譜規定，應爲一百一十四字，吾 兄所塡之沁園春少了六個字，即第十四及第十五句各少了三字。塡詞之事，弟以爲乃唐宋詩人故意設立框框限後學者于呆滯，藉以顯示其才高而不可攀，其最大厭人者，爲每句限字限平仄，尤其動用四聲，最爲可嗤。

二、吾 兄所塡之沁園春—悼世情，可說情文並茂，非一般人可及，弟以爲吾 兄能藉塡詞舒發胸心，句句言之有物，非但佳構，尤其是一個年近九十高齡老人，殊非易事，弟主張一字不改而成爲新嘉「沁園春」之新詞牌格律可也。

三、惟詞中所塡之「不葩而滔」，「滔」字是否出自文選班固幽通賦：「安慆慆而不葩兮」之典，若然，似應將「滔」改爲「慆」字，請卓裁。

四、華航空難，所賦七律，可說一字一淚，更爲不可多得之佳作，弟一時難以賦和，請諒。祝

時祺

弟 鄒順初 敬上

九十一年六月十七日

鉞公老長官賜鑒：

五月二十四日手諭奉悉，承對順初拙作「天均詩文集（二）」獎勉有加，感奮之餘，謹函申謝。

茲再寄上二六八集易學研究季刊及順初和塡毛澤東先生之〔沁園春〕詞各一份藉供消遣，耑此奉覆，敬頌

潭安　并候

夫人玉體安泰

舊屬

鄒順初　拜上

九十一年七月十八日

新嘉鄉兄道席：

前接　大扎及附詩詞，拜讀之後即已作覆，但未審能否符合　尊意，念念。

茲趁撿寄二六八集易學研究季刊之便，特搜盡枯腸將尚未奉和之弔華航空難

七律現醜如后，甚盼斧正爲禱，耑此敬請并頌

暑安

弟　鄒順初　拜上

九十一年七月十八日

註：詩已列入詩類，不贅。

新嘉鄉兄道席：

七月二十三日　大扎拜讀，謹復如后：

一、吾　兄前填之「沁園春」詞，能見諸于書函中者，確實祇有一百零八字，但在「景物妖嬈」詞句之下，點了四點，雖明知暗示尚有詞句未書，由于四、六有別，故未敢肯定而建議不改一字而成爲新嘉新詞牌「減字沁園春」，并將唐宋詩人所定詞律弟個人之感想相告。

二、弟因同道賴淮君（賴君曾任金門高中校長）鑒于弟今年賤辰所賦七律第二首末句有「歷盡丹邱萬象幽」，希能以此爲書名繼續述作成書，茲近又復敦促，故擬以「人間自是有丹邱」爲名蒐集弟之遊記試加述作，但何時成書難卜，故從現時起，凡親友之書函詩文均擬列入該書之末，吾　兄之大作定不可缺，前函建議不改一字，

其主旨乃在不想吾　兄再勞精神，但吾　兄如願將未明書之「六字」告知，弟當代爲補正，否則即按原書者列入矣。

三、漢書乃後漢班固與其父「彪」及其妹「昭」所合著，既然其將「滔滔」「慆慆」均作亂貌解，則不必更改矣。

專此敬復并頌

道祺

弟　鄒順初　敬上

九十一年七月三十日

新嘉鄉兄道席：

月之十八日　手示拜讀，深感吾　兄年近期頤，尚能才思敏捷，走筆如飛，誠今時之國寶也。

弟數十年來之吟唱，其受影響最深者乃杜工部之「春望」：「國破山河在，城春草木深，感時花濺淚，恨別鳥驚心」之千古名句也。

就邇來吾　兄與弟之唱和，莫不均屬即事憂時之作，與先儒工部之路無殊，諒吾　兄有此同感耶。

日來有弟之前航空委員會（空軍前身）之同僚聶君與弟相交近一甲子，因其居于山麓，喜歡吟唱，但又不諳詩律，日昨寫來四語求改正，迫不得已而爲之，改詩之時，正巧我副君主訪問印尼，一時興起，乃吟唱如附紙，盼 斧正。耑此敬復并頌

暑祺

弟 鄒順初 敬上

九十一年八月二十一日

註：詩已列入詩類，不贅。

新嘉鄉兄大鑒：

大函拜讀，弟上次函附：「拓外交—勘時人」之拙作，其主旨是在「勘時人」，故自第一句至第五句，每句均影射一時人，吾兄不妨再捉摸一下，定知端的，若有不當，幸盼指政。

吾 兄來詩，以「拓外交」爲題，似不能作爲和弟之拙作，按大作之詩意，似可另行命題，弟茲提供兩則，爲「無題」「諸姬風雲」，以供參考。盼勿見笑。

來詩中第四句「朱雀橋傾飛燕傷」，飛燕是否指趙飛燕，若然，因趙飛燕乃漢成帝之后，漢朝自劉邦建都咸陽乃至後遷長安，未都于「建康」（今南京），朱雀橋是築

在秦淮河上，未知咸陽是否另有朱雀橋？此句出自何典，盼能我告，藉增弟之見識。（諒不致以王謝燕子來解吧）。

兄之姪女婿，經再電話詢問鄒湘生，告以其兄名鄒北生，兄之姪女早亡，北生曾任北京金杯汽車公司總工程師，也已退休，目前孑然一身，無子嗣等情，特附聞。

弟日來深感往事空忙，任意吟唱七絕四首，藉舒心胸，恭請　斧正，幸盼勿鄙棄爲感。專復并頌

秋安

弟　鄒順初　拜上

九十一年八月三十一日

註：詩已列入詩類，不贅。

二哥：

我本月四日曾將湖南文獻三〇卷第三期及我本月三日易學聯誼會報告一紙且加註不少語句，親自到郵局以航空寄你。順初今天算算已是第十天了，未知有否收到？投郵後第二天我就接到你十月二十九日手書，並附和第二次大戰後感懷七絕四首，你的四首，都可謂之陽春白雪，本就無須更改，惟弟感覺來詩與弟原詩太多雷同或意

同，故弟擬不依原韻作和如后：

和三弟二次大戰後感懷

其一

恣意橫蠻必自亡，扶桑挑釁終遭殃，中華抗戰獲勝日，舉世歡欣歌未央。

其二

竊國於今算是王，竊鉤自古不流芳，浮生霸業終成夢，碌碌庸庸忙一場。

其三

鍾山風雨誰能忘，百戰歸來黯黮傷，國難家園多變故，哀黎無一敢還鄉。

其四

少小離家走異鄉，豪情帥氣志軒昂，無邊奮鬥恆無我，苦難艱辛祇自嚐。

弟因欲極力完成「人間自是有丹邱」一書，擬將親友之詩文函，均錄之于後（代替詩文集三），二哥邇來佳作定當列入，故特將你我所賦一併抄錄如前，請衡量以何者列入較妥。

弟本年八月三十一日復陳兄新嘉之函，兄已得閱，陳兄于還鄉時，曾電話我，說他因整理行囊，無閒查考書籍，飛燕一事容後再告，依弟臆測是無可查考，其原意係指「舊時王謝堂前燕，飛入尋常百姓家。」因此弟已代為改正，另命題為「諸姬風雲」，不再贅述。專此敬復並祝

冬安

三弟
忠惠叩上
二〇〇二年十一月十四日

文庫兄文芝嫂儷鑒：

捧讀朵雲，藉悉儷趾雙綏，曷勝欣然。兄嫂欲學作詩，可喜可賀，因爲詩可興可以抒懷，更可記事。若問詩之作法，有古詩、唐詩、新詩與填詞多類，還有打油詩等，惟唐詩填詞較爲困難，今時習者少，原因是款式太多，且限平仄與音韻，殊非一蹴可幾，古詩要求雖較爲寬，然仍有平仄與韻律之限制。

兄嫂如欲學做詩，建議先買本詩韻及詩詞作法，先將平仄弄明白，再去看格式，憑 兄嫂之聰慧與才智，是難不倒的。來信所附之詞句均佳，似可試與新詩加以比較，因爲新詩不限平仄，也不限句限字，可自由發揮，未知 尊意以爲如何。

台灣目前 SARS 弄得人心惶惶，日前曾填了一闕「滿江紅」詞如反面，兄嫂一閱當知實情。專此敬復順頌

時祺

弟

鄒順初 敬上

九十二年五月九日

鵬佛經理鄉賢兄大鑒：

台灣目前 SARS 流行，弄得人心惶惶，吾 兄諒亦不例外，順初因年邁多病，照例每月均須赴台北榮民總醫院就醫，惟近月則不敢前往矣，曷勝浩嘆。月來由于不敢外出，故不得不假寫作抒心，茲奉上拙作「滿江紅」與「西江月」詞各一闕，「滿江紅」如另紙，藉供消遣，并盼 斧正爲盼。專此并祝

夏安

鄒順初 敬上

九十二年五月二十三日

幹成賢弟青及：

今（二十九）日星期四，我書此函時， 賢弟可能正在爲我修理霧峰房屋勞神，特此執筆申謝，完工後所耗費用若干，請函告 賢弟銀行或郵局存款帳號，俾便劃撥歸趙。

我正在整理資料，準備再出版「天均詩文集（三）」，擬請 賢弟亦賜書序一篇，

刊于書首，不但可光書色，復可啓示兒孫之思齊，爲便于　賢弟寫作，特將我新書之序及同道鄒建周新書之序各一份附上，以供參考。專此順頌

儷弗

愚表姊夫　鄒順初　敬上

九十二年五月二十九日

繼顯吾兄錫鑒：

大函及承爲拙作「天均詩文集」（三）賜序，均已拜讀，謹此函申謝忱。吾　兄賜書之序，不但情文並茂，尤對弟個人獎勉有嘉，感激之餘，深爲汗顏，惟尚有少許須加調整，弟爲免再擾清神，茲不揣冒昧，代爲校正如附紙，敬請　斧正，如有不妥，尚盼我告。

日來台灣政壇又是吵鬧不停，尤以對吾人切身有關之SARS檢討會，我政府官員，不以蒼生爲念之作法，令人心寒，弟日昨又塡了一闕「鷓鴣天」詞如本紙反面，除供消遣外，并盼指正。專此敬復并頌

儷祺

弟

鄒順初 敬上

九十二年六月二十三日

棲鷺吾兄大鑒：

邇來炎陽如火，老病之我，有如前逢 SARS 疫情，不敢外出，是故弟未能按時赴社教館恭聆教益，甚爲歉然，上週爲今年最熱天氣，弟在冷氣驅熱之下，一時興起，以炎夏爲題賦詩兩首遣懷，如本紙反面，敬請賜予斧正爲感，有無具有季刊補角之用併請卓裁，專此祇頌

教安

順頌

暑祺

弟

鄒順初 敬上

九十二年七月二十一日

梅邨吾兄惠鑒：

大函及惠我養生資料均奉悉，有關養生資料，弟一定尊照指示詳加研讀，按要求

實施，以答吾　兄之厚愛。

目前台灣政情，已與奸梟橫行無異，弟曾在和毛澤東先生沁園春—雪詞中有「嘆英雄志士，自私藏拙，富豪大賈，盡棄風騷。」等句，本係指當年在大陸時事，但現在則適應台灣矣，不勝唏噓。〔註:「風」係指國風，「騷」係指離騷〕〕，該詞曾載易學研究，諒吾　兄或已過目。

茲奉上弟對最近花蓮補選縣長及邇來天氣燠熱感懷所賦五首，除供消遣外，并盼賜予　斧正爲感，專此敬復並頌

暑安

弟

鄒順初　敬上

九十二年七月二十四日

鵬佛經理鄉賢吾兄錫鑒：

承惠寄湖南文獻刊總號第一二三期，謹此函中謝忱。

茲以順初舊日同寅對該文獻甚感興趣，或當面、或電話索取，用特函前，擬請　兄台再惠賜三、五本，曷勝感激之至。

又該刊第八十頁，載有拙作「滿江紅」詞，其第十二句應爲「懦夫恥」誤爲「儒

夫恥」。其註下段第十二行第八字應爲「令人」誤爲「今人」，若爾後有處理勘誤時，
應請一併列入，否則即任由讀者去捉摸矣。耑此敬請並頌

暑安

鄉愚

鄒順初 敬上

九十二年八月十二日

鉞公老長官錫鑒：

承蒙惠賜 聖誕卡并賀新年，以 老長官之九秩高齡，數十年不忘舊情，非但令人十分感奮，且爲今日社會之鳳毛麟角，能不令人景仰耶。

舊屬年來運途多乖，自今春 SARS 之後，病魔不斷纏身，經常須赴醫院就診，尤其是上（十一）月曾先後兩度住院治療，因此未能適時親臨奉候，尚請見諒。

茲檢湖南文獻一本，及順初爲悼念蔣夫人所撰輓聯一份，以供消遣。（輓聯已函寄黨主席連戰及湖南文獻參考。）耑此敬復并頌

福祉迎府

聖誕快樂

舊屬

鄒順初 敬上

九十二年十二月九日

丁　含章可貞散文集

學易摘寄 序

蒸湘叟鄒順初時八十有四

文庫兄新作學易摘寄，付梓之前囑為其題字賦詩為序。衡其新作，見解精湛，乃易學為人處事主要之卦，編排註釋清新，堪稱佳作，特將順初十七年前研易時所賦七絕一首，贈附大作，以助讀者研習易學，文庫兄及其夫人宋文芝女士，均為順初昔日空軍同寅，復又同研易學多年，故樂為之序。

詩曰：

萬事承天意弗窮，玄機盡匿卦爻中，
吉凶悔吝分明在，缺少功夫一是空。

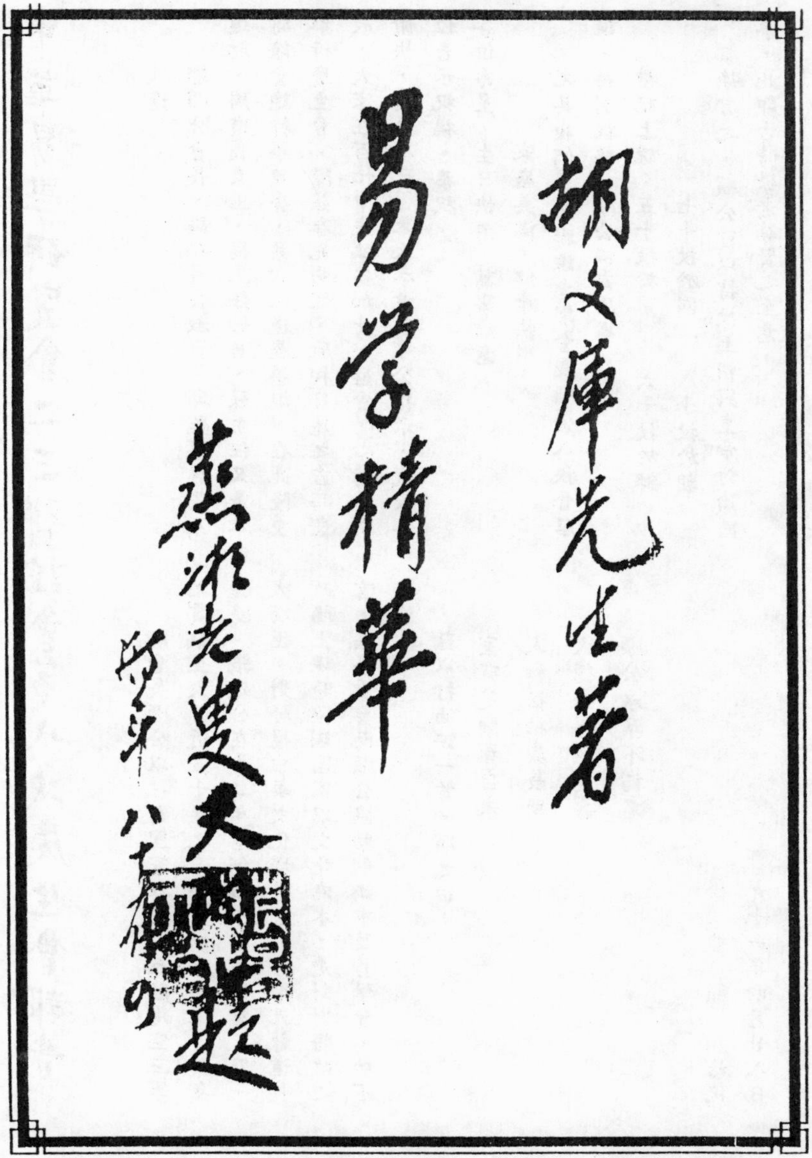
胡文庫先生著
易學精華

中華易學研究會二三聯誼會第八次慶生會報告

欣逢

鄒順公會長、羅秘書長淑貞、邱監事召集人進財、周道長素玉、楊主任妙貞、蘇主任又是本聯誼會總幹事麗香，共六位道長華誕，在此隆重舉行慶生會。際茲春光明媚，風和日麗之吉時良辰，大家在百忙中光臨參加此一盛會，心情特別愉快，興奮不已。本人奉會長順公指示，代表各位表示祝福。恭祝

各位壽星，生日快樂，萬事如意，

家庭美滿，健康快樂！

尤其我們二三聯誼會鄒會長順公八秩晉華誕，特別祝福　順公福壽康寧。

禮記上說：五十杖於家　六十杖於鄉

七十杖於國　八十杖於朝

換言之，順公可以持杖上朝與皇帝討論國事，此即古時敬老尊賢之至意。

鄒會長順公以往對國家社會以及陸海空三軍之貢獻至大，近五十年之辛勞，功在國家。晚年追隨　張廷公在十二年前創辦中華易學會，乃一大功臣。對發揚中華文化竭盡全力，今天蘇道長政陽上課時強調國家以文化為本，是針對時政之言，甚為重要而順公協助創辦中華易學會，功不可沒。

茲以打油詩一首，頌之曰：

室有芝蘭春自永
人和松柏歲長新
大德必得無量壽
順公永享不朽名

徐繼顯　恭祝

九十一年四月廿八日

壬午年重陽節　天均公念馬市長德政有捷運免費淡水遊且感當地漁人碼頭勝過舊金山者十倍，因此賦詩三首誌念并供同仁欣賞，謹書字答謝

陳文華

癸賞淡江成勝景

未來北市號華都

中華易學研究會全體同仁

癸未春節　敬賀

中華易學研究會二三聯誼會九十年八月份祝壽活動紀要

聯誼會於八月十二日假八德路三段富順樓二樓舉行，由召集人鄒理事順初道長午餐會中首先報告下列事項：

一、本聯誼會自于新店市「為福樓」餐廳成立迄今半年以來，已舉行聚會四次，原僅十二、三人，目前增加之道學友已共達廿餘人，除證明各同道對聯誼會甚為支持外，益顯示各同道在情感交流上，與日俱增，順初個人深感慶幸。

二、今天舉行餐會主要是為舊曆六、七月逢辰之道長慶壽，計有鄒建周、李蓮美、鄭茂寅、張履端、蘇政陽等五位道長，順初忝為召集人，為增加熱鬧氣氛，特草擬壽聯敬祝各道長壽比南山，聯曰：

濁世欣逢共慶壽，祇頌三多並五福，
耄年巧遇同稱觴，遙祝四美與九如。

三、四天前(本月八日)為我國父親節，本擬舉行聚會，緣種種因素，故配合此次舉行，父親節之由來，是民卅四年(抗戰勝利之初)，上海人士發起，以「八八」(八月八日)和「爸爸」諧音而定，父親節含意是在懷念祖國，還都之後，遂由社會部明文制定每年八月八日為父親節，衡諸父親節之原意，吾人今日處此海島，令人感慨萬千矣。又美國之父親節為六月第三個禮拜天，但不知其由來。

四、諺云，一日為師，終身為父，所謂師父師父，張老師廷榮教授，對易學會同道授業多年，為感謝師恩，順初特恭請老師師母參加本次餐會，聊表學子微忱，謹恭請老師為我們訓話。

從由張老師廷公訓示：對聯誼會活動，至為嘉勉，認為聯誼會可以使學會更加活躍起，是一種非常好的活動。旋即由張廷公頒發鄒建周、李蓮美及鄭茂寅三位道長紀念碑，復由徐理事長提議：聯誼會「召集人」改名為會長，經一道無異議通過。隨即當唱祝壽歌後舉行餐會，情緒熱烈，至十二時四十分結束，散會前，由陳首席顧問文韋，分贈大紅紙所書「壽」字攜回留作紀念。

中華易學研究會二三聯誼會第八次慶生會報告

民九十一年四月二十八日

一、今天是本聯誼會自成立以來第八次聚會，爲本〈九一〉年農曆二、三、四月各逢辰道長舉辦慶生，除四月份無逢辰道長外，二月份計有邱進財、周素玉、羅淑貞三位道長，三月份計有蘇麗香、楊妙真與順初三人，順初特代表聯誼會祝各逢辰道長心身安泰，遇事呈祥，與松柏同秀。

二、順初承蒙各道長之台愛，共舉爲聯誼會會長，自認才疏學淺，兼之年邁多病，未能達成各道長之期盼，深感歉然，但由于各道長對聯誼會熱忱可掬，因之本次聚會又有蔡世甫、呂繼增、羅淑貞、林采橦、曾明欽等五位道長新加入本會，順初特代表聯誼會深表歡迎之意，并請各同仁鼓掌歡迎。

三、茲以聯誼會人數日漸增多，而順初又年邁多病，爲維持聯誼會良好事跡與發展會務，擬恭請易學會徐理事長爲聯誼會榮譽會長，又張老師廷榮教授爲易學會創辦人，且年高德劭，擬凡本聯誼會舉辦活動時，均恭請老師師母蒞會指導，各同仁諒必同意，請鼓掌通過。

四、本聯誼會自第二次聚會起，均蒙陳前秘書長文華兄書贈各逢辰道長壽字，順初特向文華道兄致謝。

五、本次聚會，恰巧是順初與蘇麗香道長賤辰之日，就順初記憶言，近十餘年來，賤辰之日從未有相遇星期假日者，尤其是八十三年以來，與順初同月同日而又同慶生日者，蘇道長麗香是順初生平所遇第一人，順初特以其名敬題：麗質天生，香萬益人八字相贈。

六、順初一生多在世亂時艱中度過，可說生不逢辰，坎坷之至，實感慨萬千，今逢八三之年，能與各同仁共同慶生，深感榮幸，茲賦感懷兩首以誌，若有失當，幸盼各道長教政。詩曰：

壬午逢辰感懷

其一

詩書禮樂日相親，七十餘年潤我神，國是蜩螗心耿耿，鄉思萬縷惓頻頻，

家山老友如螻蟻，珂里彊粱似蚡蝓，祇謝同仁情義盛，珍饈筵上祝長春。

其二

八二年光似水流，天時人事兩悠悠，勞生多病難與語，游子才疏媿又羞，

弱冠離鄉期壯志，耄耋歸里慊不酬，莫言四海爲家苦，歷盡丹邱萬象幽。

七、恭請張老師廷榮教授、徐理事長繼顯訓示。

中華易學研究會一二三聯誼會第九次活動報告

民九十一年八月十一日

今天與各道長在此炎炎盛夏，暑氣蒸人之情形下聚會，主要有下列幾點意義：

一、爲農曆五六月份道長舉辦慶生會，計五月份有賴淮、蔡世甫、曾明欽，六月份有鄒建周、李蓮美等五位道長逢辰，順初特代表聯誼會祝各逢辰道長鶴算遐齡，萬事稱心。

二、國曆六月上旬學會部份道長曾接到蔡道長三位公子聯名柬邀于六月十六日爲蔡道長慶祝八秩大壽。按蔡道長在聯誼會所登記之生年爲民十三年，依農曆計算，蔡道長今年應爲滿七十八歲，上七十九歲，今柬邀慶祝八秩大壽，證明其在聯誼會登記生年有誤，但接柬各同道仍按邀請日期前往慶壽者計有徐繼顯、鄒建周、魏春平，楊妙真、蘇麗香及順初等六人，并由順初代撰：「世路步履春秋永，甫田耕耡日月長」聯語製作銅牌一面及磁質壽桃等爲之祝賀。

三、查本聯誼會并不對外行文，故無生年上之顧慮，從蔡道長生年情形觀之，各道長在聯誼會所登記之生年，可能仍有與事實不符者，如順初登爲民十一年，應更正爲民九年，各道長若亦有不符者，請向蘇總幹事處更正，以利爾後爲凡逢整壽之道長製作紀念品。

四、張老師廷榮公，定于本（八）月十八日率團赴大陸出席易學研究大會，本次聚會，亦可說是爲老師及所有聯誼會赴大陸出席之道長餞行，特在此祝各出席之道長一路順風。茲老師此次赴大陸，除先到青島外，據悉尚須去河南安陽出席大會，更可能再返湖北探親，非但旅途十分勞累，且費用不貲，本會在徐理事長策動之下計有徐繼顯、鄭茂寅、鄒建周、彭及標、蘇麗香、溫德枝與順初七人共集程儀新台幣參萬壹千元，由徐繼顯及順初爲代表，已于七月十七日親赴老師家中致贈，老師并囑代向上列道長致謝，尤有一提者，即溫道長德枝，係聞訊自動前來贊助者，其贊助雖微，但誠意感人，足可爲各同道借鏡。

五、三天前即一年一度之父親節，亦爲本次集會意義之一，記得順初當年住美洛城爾灣時，曾參加當地之老人會，與會長范仲先生，同稱藍湖五老，范君出身軍旅，少將退休，四川人，學養俱佳，于民八十七年（一九九八）父親節慶祝會時，范君雖年高八十有六，但仍不斷寫作，曾撰有「父親頌」，于大會中朗誦，令人十分感動，特將其所撰頌詞錄后，與各同道共賞：

父親頌

父親、親愛的父親！
蒙您賜予我生命！
父親、親愛的父親！
感您撫育我成人！

當我年幼時：

您唯恐我受餓受寒，供給食衣予我，

您唯恐我跌倒或病痛，時刻看顧我，

您唯恐我成長沒快樂，日夜關心我。

當我少年時：

您教我明白禮義，知道廉恥，

您教我明辨是非，了解倫理，

您教我專心求學，上進努力，

您教我愛家愛國，小我自己！

當我進入社會時：

您教我誠懇對人，正直處世，

您教我忠公體國，忘己無私，

您教我堅持信念，勞怨不辭，

您教我切勿空想，面對現實，

您教我謙和待人，擇友交誼，

您教我忍辱負重，矢志不移，

您教我遵理守法，規避惡習，

您教我成功勿驕，失敗再起。

父親、親愛的父親！
您是愛的化身、德的典型！
您是家的基石、家的中心！
您是我人生的明燈、前途的指針！
您是我家門的傳人、世代的哲聖！
父親、親愛的父親！
您無盡的慈愛、長留在我的心裡！
您無盡的恩情、永銘在我的心裡！
讓子子孫孫感念您、感念您！
讓世世代代光耀您、光耀您！

八六叟　范仲謹頌　戊寅年父親節于爾灣藍湖

中華易學研究會二三聯誼會第十次活動報告

民九十一年十一月三日

一、本聯誼會今日舉辦活動，主要是爲農曆七、八、九月份各逢辰道長舉行慶生，計七月份有郭懿雲、鄭茂寅、蘇政揚，林采橦，八月份有溫德枝，九月份有蔡水旺、劉必能等七位道長，順初特代表聯誼會恭祝上列逢辰道長，如月之恆、如日之升，如南山之壽，如松柏之茂。

二、本次慶生會，本應早日舉行，惟因蘇總幹事麗香小姐請假準備參加中醫師特考，兼之順初個人又病魔纏身，以致拖延至今。除預祝蘇小姐金榜題名外，特于此向各逢辰道長表示歉意。

三、本聯誼會原有道長爲二十五人，但有曾經通知三次均未出席者（即自加入而一次亦未出席者），擬以自動放棄加入論斷，再加上次聚會時已加入之道長吉同寅、唐平電、劉必能等三人，目前實有道長已達二十七人。

四、順初曾應允于每次聚會時貢獻個人淺見，本次特將胞兄斌初（今年已八十八歲）于家鄉來信所塡之【臨江仙】詞，及順初所和塡之【臨江仙】詞提供各道長消遣，或可有助各道長之修爲。茲據胞兄來函稱，其塡詞之起因，是得閱本學會易學研究二六七期載有順初談及楊升菴之【臨江仙】詞，有人誤將「東逝水」書成「水逝東」，及其友（中學老師）楊兌秋六十歲始學做詩而佳句連連有感，故特塡詞代復。

五、談到楊升菴之【臨江仙】詞，順初于九月二十九日來社教館聽課時，參觀一樓大廳書畫展覽，其中有兩副字均爲楊升菴之【臨江仙】詞，但兩副均將該詞後闋：「白髮漁樵江渚上」之「漁樵」寫成「漁翁」，其字似爲一人所書，順初當時情不自禁感嘆曰：「字寫得很好，可惜都寫錯了一個字。」依順初衡量，可能是書寫者有心更改，當時曾有人問順初何字寫錯了，順初也曾據實相告，因爲「漁樵」是指兩個人，而「漁翁」則祇有一個人，若改成「漁翁」，則該詞之後闋就會發生問題，因爲一個人在江渚上，似不能寫出「喜相逢」「笑談中」之語句。寫到此處，個人非但讚嘆楊君之高深學問，與中華文化之優美，抑且爲時人仍有不少對我優美文化之不深入，曷勝唏噓。

附順初兄弟所塡之【臨江仙】詞如后：

臨江仙　論學　和家兄感懷原玉　順初

文化傳承千古事，言功在啓童蒙，人師箋道貴旁通，瑤光垂久遠，不眷一時紅。

綺麗韶華如逝水，賞心悅目乘風，詩歌韻味永無窮，浩繁人海裏，閑習樂天中。

臨江仙　感懷　閱楊老師初學做詩有成　斌初

佳句瑤章方細讀，詩思感到昏蒙，推敲聲韻漸亨通，青山依舊在，沐浔夕陽紅。

白髮無憑人已老，不談秋月春風，一壺濁酒醉矇矓，此生猶似夢，心迷草堂中。

中華易學研究會二三聯誼會第十一次活動報告

民九十二年元月五日

一、今天舉行聯誼活動，主要是為農曆九一年十、十一、十二月份各逢辰道長慶生，計十月份有陳鴻運，十一月份有徐繼顯、陳文華、呂繼增，十二月份有楊杜清江、魏春平等六位道長，順初特代表聯誼會恭祝以上逢辰道長童心永駐，青春不老，如岡如陵，壽域無疆。

二、本次活動，順初原計劃于九二年元月十二日（農曆九一年十二月初十日）舉行，以示年終共慶，茲本學會第五屆新任理事長及理監事已選舉完成，應新舊任理事長之要求，為節省物力人力，特提前一星期，與新舊任理事長交接及第五屆新任理監事聯席會議同時舉行。

三、本聯誼會自成立至今，已跨越三年，現學會業已改選，按理聯誼會亦應改選，或予撤銷。尤以順初年邁多病，而蘇總幹事麗香又因學習醫術，難以分身，順初在此與蘇總幹事一併請辭，順初除已于新任理監事聯席會議提報外，特再在此提報，請各同道提供卓見，以決聯誼會之存廢。

四、順初仍按以往允諾，提供各同道消遣之文句，茲將順初農曆今年重陽節由于台北市馬市長之德政，在重陽節一週內，凡年滿六十五歲以上男女，不分國籍，均可免費搭乘捷運，順初應故舊聶君伉儷力邀，曾率同內子一併赴淡水一遊，深感淡水漁人碼頭較美舊金山之漁人碼頭勝過十倍，一時興趣，賦有七絕三首，茲抄錄如后，以供各道長消遣。

秋遊淡水

其一

海灣放眼水連空，雲影波光視一同，順道毛城瞻古跡，專臨淡大賞楓紅。

其二

秋高氣爽淡江行，捷運如梭莫與京，美景連環觀不盡，罷歸猶繫海濱情。

其三

捷運神工巧奪天，潛行地下樂焉然，站場設計稱時秀，往返賢愚悉似仙。

二三聯誼會活動頻繁
情感交流彰顯道義
——鄒會長領導有方會員熱烈參與

本刊記者

本會二三聯誼會在鄒會長順初道長領導下，生動活潑，會員參與踴躍，情緒熱烈，達到情感交流，彰顯道義精神。並配合會友之生日舉行，更具意義。最近半年共舉行三次，其活動情形如下：

第一次於九十年八月十二日舉行，計有鄒建周、李蓮美、鄭茂寅、張履端、蘇政陽等五位壽星。而鄒建周、李蓮美、鄭茂寅三位道長適逢整壽，聯誼會特備誌慶牌分贈，藉資留念。鄒會長並發表祝壽頌辭曰：

濁世欣逢共慶壽，祇頌三多並五福，
荒年巧遇同稱觴，遥祝四美與九如。

同時，鄒會長並說明「爸爸節」之由來，認乃值得提倡之事，且與我國之孝道精神符合。蓋此次活動，為「爸爸節」後四日。

第二次於九十年十二月十六日舉行，壽星計有蔡水旺、彭及標及徐繼顯三位道長、鄒會長特以賀聯致贈徐道長，又曰：

繼往開來，鴻案齊眉春不老，
顯而易見，海屋籌添壽同登。

鄒會長同時發表對中華易學研究會之感言，咸認本會在廷公老師艱苦耕耘下，傳承中華文化，只有奉獻付出，毫無名利之爭；唯求心靈之寄託與身心之舒暢而已。際茲經濟蕭條生活日艱之際，大家心情沉重，特以程顥（明道）之七律一首，供各位道長舒暢心胸。詩曰：

閒來無事不從容，睡覺東窗日已紅，
萬物靜觀皆自得，四時佳興與人同，
道通天地有形外，思入風雲變態中，
富貴不淫貧賤樂，男兒到此是豪雄。

註：此詩最後一句「男兒」，以當時（一〇三三－一八〇五年）之時空而言，應無問題。蓋當時社會重男輕女，時至今日，則難符事實，故擬改為「蒸民到此是豪雄」。

與會同　皆以鄒會長之意，頗合時宜，咸表贊同。

第三次祝壽活動於九十一年一月廿日舉行，壽星計有陳鴻運、楊杜清香、魏春平三位道長。陳道長適逢整壽，以誌慶牌一座相贈留念。是日欣逢「臘八」，又是「大寒」，正是歲末尾牙之時，意義非凡，鄒會長特賦七絕一首助興，題為「偶成」，其詩曰：

歲暮寒冬會一堂，五倫之外創新章，
勸君珍惜眼前景，拋卻閒愁入醉鄉。

際茲社會乖張之時，令人不勝唏噓，真所謂「君不君，臣不臣，父不父，子不子，夫不夫，妻不妻」之時，尤其倫拍事件，攪亂社會，令人髮指，吾儕藉此聯誼之時，不妨陶醉一番。

每次聚會，張老師廷公均蒞臨指導，並多所訓勉；而明鳳彩、陳文華兩道長均以生動之畫馬與大紅紙所書壽字相贈，更增情趣。

易經體系結構與處事方法序

中華易學研究會副理事長馮教授家金兄，自民八十九年（二〇〇〇年）十一月，因創辦人榮譽理事長張教授廷榮公，心肌梗塞住院，家金兄在徐理事長繼顯兄敦促之下，爲維護學會教務，欣然接受講座之職。自施教以來，克盡職責，勞怨不辭，令人感佩。茲家金兄決定將所授之講義及諸學友之回響出刊專集—易經體系結構與處事方法，索序於順初。在未談及該專集之前，特先對易學予以簡介，以佐馮教授所講乃今時創著。

首先要談的是，易經究竟是本什麼樣的書？簡而言之，帝王之學也（今時似可稱之爲政治學），天人之學也，絜靜精微之學也，卜筮之學也。不是神學，亦非玄學，爲我中華文化之根柢，適合現在時代需要。重點則在象數，以往文學家多偏重于義理，以致流傳至今，難以發皇。若以中西文化之經典相較，西方人所奉之聖經，只能給人們心靈上的慰藉；而我易經，非但可啓示人們如何爲人處世方法，同時亦能給人們在心靈上獲得慰藉，爲萬古常新，放之四海而皆準之寶典。

其次則談以往學者，對易經之論說。二千多年前，西漢孟、京：「占驗災異。」雖是術數，但仍有其作用。皮鹿門經學通論說：「古卜筮與史通，左氏傳‧‧‧所載卜筮事，皆史官占之。此古卜筮與史通之明證，亦古卜史借天道以儆君之明證。」後世君尊臣卑，儒臣不敢正言匡君，於是亦假天道進諫。

三國王輔嗣，宋程伊川兩氏則一掃易學象數而言義理，雖有卓識，但仍有商榷之處，故清代學人多嫌王、程所書空洞，故又將孟、京、荀、鄭、虞諸家絕學爬梳以遂存古之功。〔註：以上諸說，順初曾撰有專文分載于中華易學會研易道學友文集及第十屆國際易學大會論文集。〕

馮教授家金兄此易經體系結構與處事方法，其最大成就乃在將六十四卦依繫辭上傳第八章：「聖人有以見天下之賾，……，擬議以成其變化。」及繫上十二：「聖人立象以盡意，設卦以盡情僞，繫辭焉以盡其言，變而通之以盡利，鼓之舞之以盡神。」「形而上者謂之道，形而下者謂之器，化而裁之謂之變，推而行之謂之通，舉而措之天下之民，謂之事業。」「極天下之賾者存乎卦，鼓天下之動者存乎辭，化而裁之存乎變，推而行之存乎通，神而明之存乎其人，默而成之，不言而信，存乎德行。」等等原理原則，建立繫辭傳之【擬議化】結構。且重組【擬議化】【縱橫豎】三表，從三表三線綜觀則可知各段陳述目的與作用及用易之方法。尤其是完成同中爻之結構，如

立【乾 ䷀ ，君子以自強不息。】　之志，【擬】

行【未濟 ䷿ ，君子以慎辨物居方；

既濟 ䷾ ，君子以思患而預防之。】　之方，【議】

成【坤 ☷ ，君子以厚德載物。】 之化。【化】

殊非一般研易者可及。如此非但將周易六十四卦全部納入教人行「愼辨物居方，思患而預防之」，且知用易之主旨。

復觀其六十四卦之唯一結構，乃在革新研易方法，關聯易與人生，闡明周易之科學方法與實用價值。並指出易卦之綱及【擬議化】之依據以及教人如何辨識吉凶悔吝，更以同中爻之「革、咸、同人、遯」說明其結構之關係。尤以「安其身而後動，易其心而後語，定其交而後求」來說明處世之道，殊屬可貴，更證明其將整部易經納入人生生活之中，其貢獻尤偉。

馮教授家金兄有如此巨著，除馮兄個人之努力外，其夫人李蓮美女士之協助，其功誠不可沒。除證明其夫婦學養有素，對易學造詣甚深外，更證明其鰜鰈情深，殊堪欽敬。

綜觀馮教授家金兄此易經體系結構與處事方法，證明其已深悟周易之內涵，復破解了數千年來研易者對「象數」、「義理」之爭以及破除了一般誤認易經難懂及不科學等等偏見。個人以爲此易經體系結構與處事方法堪稱今時宏構，順初與馮教授相研易學多年，故樂爲之序。

戊 繁縟小品隨附錄

GEN. WU YUEH (RET.)

10TH. FL. NO. 8, LANE 190,
KUANG FU NORTH ROAD,
TAIPEI, TAIWAN, R.O.C.
PHONE: (02) 8712-2336
FAX: (02) 8712-2466

台北市光復北路
190巷8號10樓
電話：(02)8712-2336
傳真：(02)8712-2466

順初吾兄道鑒：

敬悉五月廿二日賜贈大作除名人提字尤对论语一書之分晰做人治事道理益感敬佩謹肅寸箋敬表由衷之感謝復頌

潭祺

老弟 烏鉞敬拜

五月廿四日台北

鄒尊長：您好！

已收到您寄賜的大作「天均詩文集(二)」一書，至謝！將好好拜讀。以尊長之高年，猶不息於讀誦、寫論、著作，實在令人十分敬佩，足為晚輩學習的表率。

亦感謝您的關懷。晚因夜間起身上廁，不慎跌倒撞傷右臉頰及右胸肋，體脹瘀血，經治療後，現已痊癒，請勿掛念。

晚才疏學淺，日後還望尊長多予教導是幸。謹此敬祝

健康快樂

晚 朱昭敏 敬上。九二、四、廿八、

孔子二五五四年

关于《根在衡阳》审稿、征稿函

顺初公台鉴：

为了便于衡阳县徙台港澳和国外的乡亲尊祖敬宗，铭根记源，县文史委拟编印《根在衡阳》一书供您的子孙了解自己的祖地和祖宗。该书由我主笔，拟分上、中、下篇，上篇为《故乡衡阳》，采用图文并茂的形式向您的子孙介绍衡阳县的历史沿革、行政区划、山川河流、名胜古迹、物产资源、风土人情、乡音俚语，为的是让他们了解祖地。中篇为《追根溯源》，该篇为全书的重点，以姓氏为序归类介绍每位乡亲的姓氏源流。在同一姓氏中，分支脉介绍每位乡亲的祖宗发源情况。每个支脉中按辈份，同辈份以出生时间为序，逐人介绍您们这一代的祖先、家世、个人小传、家庭成员、大陆亲人的情况，为的是让您的子孙铭记祖宗，使他们今后回祖地知道到何处祭扫祖宗，探访那些亲人。之所以将您的小传载入此书，因为您将是本氏族繁衍到台的“始祖”。为的是让您的子孙了解自己是怎样从衡阳到所在地繁衍的。兹将我为您采写的这份稿件寄上，请审阅，若同意刊印在《根在衡阳》一书，请补充空白处的相关内容和您认为需增加的资料，签上“同意入编《根在衡阳》”，并署上您的大名寄我，祈请转告您所认识的在台湾的衡阳乡亲按我提供给您的这份稿件的行文模式赐稿，他们若对大陆祖地、姓源的资料不了解，可告我去采访他们祖家的知情人，成稿后再寄他们审稿，凡是入编人没审稿签字的稿件一律不刊。此书不在大陆流传，供稿人不必有政治顾忌。编印此书所需经费全靠筹集，同时采编的工作量大，耗资颇巨，尚祈解囊攘助。若您不同意将此稿刊印，请将稿件退我，因为这是一份手稿，我未留存。该书的下篇为《桑梓情深》，重点介绍各位乡亲寻根问祖的感人事迹、怀乡思亲的诗文、回馈故乡的义举，为的是激发您的子孙报国之情。此书明年上半年付印，您对编印此书有何高见，需要多少本书，盼予赐教（赐教电话：办公室6811211、住宅6813858）。敬颂

谭祺

鄉晚：蔣春達　敬啟

2002.7.15.

又及：今年是我国明末清初伟大的思想家王夫之（船山先生）逝世310周年。省府将于9月底在我县举行隆重的船山文化节会。您是衡阳县旅台人员的杰俊之一。县府拟请您组织在台的衡阳乡親，特别是邹氏在台乡親光临节会。因为曲兰是王船山的故乡，邹氏在台乡親大多祖居曲兰，所以节会对特邀在台邹氏乡親别有情意。您及哪些乡親能够成行，请将名单提前告我，以便组委会寄柬敬邀

春達鄉先生勛鑒：

七月十五日　大函及附件均拜讀，特復如后：

一、先生欲出刊《根在衡陽》一書，以供海外遊子尋根問祖，此舉可喜可賀，茲順初早年曾任在台宗親會族譜編纂委員之一及理事等工作多年，故凡三百年來遷台之鄒氏子孫，可說大部份均已列入全國鄒氏族譜（但仍有部份因不送調查表而未列入），該統修之族譜已早于一九八七年完成，價發各宗親，順初并另纂有興堂公派宗譜，對順初子孫爾後之尋根問祖，應無問題，因此順初不擬再列入　大作中，敬請見諒。

二、有關船山先儒三一0週年紀念，命順初組團參與紀念會一事，順初因年邁多病，尤其是上年忽因右腳膝蓋骨退化性關節炎，以致不良于行，目前仍須每日施行傳統式復健之醫療，才能稍減痛楚。屆時確實無法親臨盛會，深感歉然。但爲達成　先生所賦願望，曾先後電話順初認爲可能出席之鄉親，如陳新嘉、胡溥生、鄒湘生、唐之初、劉景柏、劉冰絜等諸君，從電話中交談得知，可能僅有陳新嘉、劉冰絜兩君有意返鄉，　先生似可發給其邀請函。

三、順初素甚景仰王夫之鄉儒之學術德業，順初本年所出版之《天均詩文集（二）》，即有先儒評宋文學家張橫渠之短文兩段，見詩文集五十三、五十四頁。茲以順初無法參與盛會，特檢拙作《天均詩文集（二）》一本奉上，除請指政外，屆時擬請陳列于大會，以示順初對先儒懷念之情。必要時可將此函併列。

四、先生擬編纂《根在衡陽》一書所須費用不貲，奈何順初近數年來，非但年老多病，尤其不幸遭逢台灣九二一大地震（請參閱詩文集二十五頁賦詩），可說災害難以言喻，因之無法以金錢資助，深以爲歉。先生接此函後，對拙作詩文集不妨加以省閱，如認可取，順初願捐貳拾本，由 先生銷售，得款即作爲 先生著書費用之補助，以表順初略盡棉力，但如何交書，則須請 先生相機請人來順初處領取。

耑此 敬復 并頌

公綏

鄉愚 鄒順初 敬上

二〇〇二年七月二十九日

原函附件遵囑全部奉還

裕琍兩兒入覽：

昨（八月二十四日）晚接汝等電話，藉知汝等近日將公差德意志，余曾在電話中要汝母一再叮囑希寄汝全家最近照片，不論是合照或個別所拍，都可以給余瞧瞧，因爲余還是五年前在休士頓看過你們。上週六（八月十七日），聶貫品伯伯寫了四句話來我家要我為之刪改，當天余與汝母曾陪同渠夫婦作雀戲，迨四圈完後，余起身喝水時，忽然感到頭暈欲墜，不敢行走，除停止雀戲外，賡即由汝母小妹陪同赴醫院急診，當即注射點滴與多方檢查，斷定為年高睡眠不足與久坐所致，但返家後仍未見好轉，經服藥一夜熟睡後，次日確已痊癒，昨天週六早晨起床，又忽昏眩，站立不穩，因而跌倒床邊，幸無大礙，此種種現象，證明余確已老矣，也是想看看你們照片的主要原因吧。

近兩月來，與同鄉陳新嘉伯伯時有詩詞唱和，與杜甫詩路相似，都是即事感時之作，特讓小妹打字貼于本件，希抽空看看，或對汝等做人做事及對歷史有所了解。耑此祝

近好

父字母副署　九十一年八月二十五日

裕琍兩兒知悉：

來信收到，茲復如后：

一、你們的生活照片九張均收到，祇惜最近者亦是一年前所拍的，除了軒軒與朋友合拍的可以看出與六年前大不相同外，以及裕琍兩兒合照者，裕民已顯得中年氣勢，其餘我看都是與我在休士頓看到的差不多，不管怎樣，總算又看到了你們近四五

年的倩影。

二、我塡的「沁園春」詞，先後載于天均詩文集中有兩闋，最近又和毛澤東先生塡了一闋，未知我兒是指哪一闋，或三闋都看過？汝要看余的詩詞，要注意每句都是事實寫寫照，也可說爲歷史作見證，最近與陳新嘉伯伯吟唱，曾談到所吟唱者與唐杜工部（杜甫）所賦者以即事感時無殊，希吾兒能注意及此，如最近所和毛先生之「沁園春」，非但爲歷史見證，實亦「即事感時」之作。

三、你們的公司打算在中國大陸建廠，此乃全世界發展經濟及謀生必然之趨勢，所以余曾囑汝等要安安軒軒注意中文語言的原因所在。仍希對他們注意輔導，因爲你們的根在那裏。

四、余現在在易學會，一般人都尊爲元老，所以推爲聯誼會會長，余大約每半月去一次連繫會務。目前因隔一天去作傳統復健一次，每天仍三次服藥，祇要稍微行動，就會感到氣喘，所以無特別要事，余是不會去社教館授課或聽課的。

五、余原打算接受同道建議再述作「人間自是有丹邱」一書，并已寫了契子，前天余大哥買了月餅水果來看我，我也將現有資料給他看過，建議以保養身體爲重，余也感到費力，可能難以如願，因要找出大陸、台灣、美國所留照片，實在不容易。附帶說明「丹邱」二字之涵義，「丹邱」者乃神仙所居之美境也。丹邱本作丹丘，《楚辭・遠遊》：「聞至貴而遂徂兮，忽乎吾將行，仍羽人於丹丘兮，留不死之舊鄉。」王逸章句：「丹丘，晝夜長明也。九懷曰：『夕宿于明光，明光，即丹丘也。』」

朱熹集注：「丹丘，晝夜長明之處也。」余培林按：「『仍羽人於丹丘兮』，『於』字下當是處所，故朱子之說較勝。」唐詩—韓翃題仙游觀詩：「何用別尋方外去，人間亦自有丹邱」，其「丹邱」注釋爲：「海外神仙居地，晝夜常明。」

六、文章何以稱「經國大業」者，乃可「經夫婦，成孝敬，厚人倫，美教化，移風俗」，尤以詩之大義中·其一則爲風，上以風化下，下以諷刺上，主文而譎諫，言之者無罪，聞之者足以戒。奈何身繫家國大計之君主，均不願聞，所以有始皇焚書坑儒，而屈原投江自盡之舉，余所書者，雖多直言但仍不得不考慮及此也。

七、裕兒說余十餘年前所塡的相見歡—勘人生一詞，余記得塡該詞之時，余尙居于台北汐止，服務于軍友社之時，首先是載于稀齡特刊中，裕兒既對該詞有所感受，足證裕兒確已步入「天命」之年矣，蓋該詞是包括了儒釋道三家的思想，主詞是要把握「還似春光無限類飄蓬」，一般人都知九十春光，稍縱即逝，但不知冬去春來，日月沉升，是永遠不絕的，余民六十七年在馬祖所塡的「沁園春」開始就是此兩句，這兩句就儒家說乃否極泰來，易學則爲「剝復」兩卦，以道家來說就是「有」「無」之說，以佛家來說就是生死循環。所以余說還似春光無限，也就是告訴人，不要遁入空門，而要入世創業，即使是若飄拂不定之落葉或一枝一草，但仍要知道落葉飄茵，升沉不一，有落入糞坑者，但亦有落入豪門乃至閨秀之房者。希裕兒再考慮一下要不要改。至于「一是」是包括「過去」「現在」「未來」，而「一逝」則僅及過去，這是余的解釋，提供吾兒捉摸。

八、你們打算年底裕兒率軒軒回台灣與親人相聚，余與汝母均十分高興，希能如願，因爲裕兒還是十餘年前余逢七十之時回過台灣，到現在已是十三年了，余并希望春節琍兒能帶安安回來，我們聚聚。

九、人生本就聚散無常，你大陸之二伯伯，今年已八十七歲，五叔也有七十四歲了，託朋友帶口信，或來信希望兄弟有生之年能再聚一次，照目前余之身體狀況，可能違願望了。所以我希望你們能返台聚聚的原因了，否則，就怕「親不待」耶。

專此復祝

秋節快樂

父字母副署　九十一年九月十三日

裕琍兩兒知悉：

裕兒十月二日來函僅七天時間就收到了，閱讀之餘，深感裕兒對詩詞甚有興趣，且見地甚佳，欣以爲慰。

由於你們過的是西方文化生活，對故有文化，如過年、過節、以及父母妻兒的生日，可說都會在無形中遺忘了，這是現實問題，不能怪你們，因發覺裕兒寫信當天，正是汝母七十二歲大壽，函中未提一字，令余感慨萬千，所幸在國內汝之兄弟姊妹兒孫還能提早聚齊爲汝母慶壽並分送賀儀，但當天則僅聶貫品夫婦來家陪汝母作方城戲而已，秋水軒中曾有唐人說：「死生無人問」之句，爲爲人之十分淒涼，今後爲補救此一缺失，而保持固有文化，余會及時寄一份農民曆，幫助汝等記憶。萬一余忘記寄，希信或電話提及。

關于做詩塡詞，自古至今，無論才學如何，難免都有缺失，希裕兒有閒看看余評唐人許渾咸陽西樓感懷詩，即可窺見一斑（載易學研究二六八期，早已寄你），特再將易學研究二六九期寄給你們一份，希望琍兒有空也能翻翻，定可增長做人道理，我們的易學會現在可說都是女生挑大樑，任余聯誼會之總幹事是與汝大姊同庚與余同月同日生之蘇麗香女士，他因參加中醫考試曾請了三個月的假。余在二六八期易學研究三五頁亦曾提及。

前不久，接到汝二伯伯的來函，感親情依依，曾分傳汝姊、大哥、小妹過目，特影印一份給汝等一讀。惟二伯所塡之詞有欠缺之處，主要是平仄失調，故已爲之改正，余和塡了一闋附后，藉供汝等消遣，也可說能助汝等之修爲。

臨江仙　論學　步斌兄臨江仙原玉

文化傳承千古事，言功在啓童蒙，人師箋道貴旁通，瑤光垂久遠，不眷一時紅。綺麗韶華如逝水，賞心悅目乘風，詩歌韻味永無窮，浩繁人海裏，閑習樂天中。

臨江仙　斌兄原塡和答楊兌秋老師花甲始學做詩感懷

佳句瑤章方細讀，詩思感到昏蒙，推敲聲韻漸亨通，青山依舊在，沐得夕陽紅，白髮無憑人已老，不談秋月春風，一壺濁酒醉朦朧，此生猶似夢，心迷草堂中。

國內經濟日漸蕭條，股票已跌破四千點，台幣已貶為三五、一〇元兌一美元，各種行業均十分清淡，汝大哥之公司現仍在賠本煎熬力撐中，既無法結束，又無法維持，余也為之擔心。此種情形，執政黨當然要負責，但整個世界經濟衰退乃主要原因，如果美國再攻打伊拉克，則將更不知人類何以為生矣。

余此函中所塡之臨江仙詞，其詞意乃在鼓勵學人及時作文化傳承。琍兒在與裕兒成婚之時，常能執筆給我們來信，今後希能代裕兒執筆，以增你倆之情感如何。又余的〈人生劫難知多少〉已列入湖南文獻，併聞。又關于寄錢的事，希回信。

專此復並祝

近好

父字母副署　九十一年國慶日

附農民曆本年八月至十二月日曆五張

聘書

茲敦聘鄒順初君

擔任曾正和競選

連任第七屆新店市長

競選總部 委員

曾正和 敬聘

中華民國九十年十二月十日

四年好成績 八年大建設

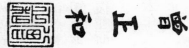

順初伯伯鈞鑒：惠函暨致連主席書與輓故蔣宋主席美齡聯句等均收到，敬悉一切。素仰先進為黨國耆碩，躬忠體國，對國事觀察格外透徹，論述尤為明確，主席當尊重建言，在選戰中擇要遵循辦理、供將來施政借鏡參考。

近來本黨組織上確有縮編變化，經費削減，地方區分部與小組都已改制；但黃復興黨部仍維持原組織型態，繼續運作活動。如有服務不週之處，深感歉意，秀桂將籲請相關組織工作同志積極改進。秀桂承您長期扶植、關愛、指教，內心非常感激，謹致敬謝之意。

此次總統大選關係著台灣前途與兩千三百萬人民福

立法委員用箋

祉！泛藍陣營忠貞之士必須充分發揮一切影響力，號召中間選民支持連宋、輔助連宋當選，重新執政！期使國家擺脫困境，走向安定繁榮。肅此奉復敬頌

鈞安

末學 洪秀柱 敬上

九十二、十二、十五

立法委員用箋

順初先生惠鑒：一月十五日承寄對聯一副

敬悉，多承關注總統選情，至為感佩；尤以先生身體有恙，本部至為關切，深盼多加保重，早日康復，為連、宋的勝利投注一份助力。

耑覆致謝　敬頌

時綏

連宋全國競選總部

九十三年一月二十八日

後記

一、本詩文集除承蒙玄奘大學余教授培林賢契賜序之外，復蒙擔任校對工作與文史哲出版社洽談付梓事宜，可說備極辛勞，堪稱爲本詩文集建立大功，特記數語，以表感謝之忱。

二、本集《天均詩文集（三）》其起緣于順初壬午逢辰感懷「歷盡丹邱萬象幽」之詩句，已于本集自序說明不贅，但自決定以「人間自是有丹邱」爲題伊始，乃率同晚女麗蓉從家藏數千幀生活照片中尋找堪資回味而又完整之美觀影像者，分別加以詩句，及劃分區域後，即由麗兒負責打字黏貼編號成頁，歷時近年，其勞心勞力，則可想像，若非其具有台大學士與美東德州大學碩士之智慧，則此書非僅難具雛形，更難言付梓，尤其是洽談交商協助印刷，更是辛勞備至，殊堪嘉許，特于成書之末予以加記，以示嘉勉。

國家圖書館出版品預行編目資料

天均詩文集.三 / 鄒順初著. -- 初版. --臺北市：
文史哲,民 93
面； 公分
ISBN 957-549-281-8 (平裝). -- ISBN 957-549-427-x (第 2 冊：平裝).-- ISBN 957-549-557-8 (第 3 冊：平裝)

848.6　　89009823

天均詩文集(三)

著　者：鄒　順　初
出版者：文　史　哲　出　版　社
http://www.lapen.com.tw
登記證字號：行政院新聞局版臺業字五三三七號
發行人：彭　正　雄
發行所：文　史　哲　出　版　社
印刷者：文　史　哲　出　版　社
臺北市羅斯福路一段七十二巷四號
郵政劃撥帳號：一六一八〇一七五
電話 886-2-23511028・傳真 886-2-23965656

實價新臺幣六〇〇元

中華民國九十三年(2004)四月初版

ISBN 957-549-557-8